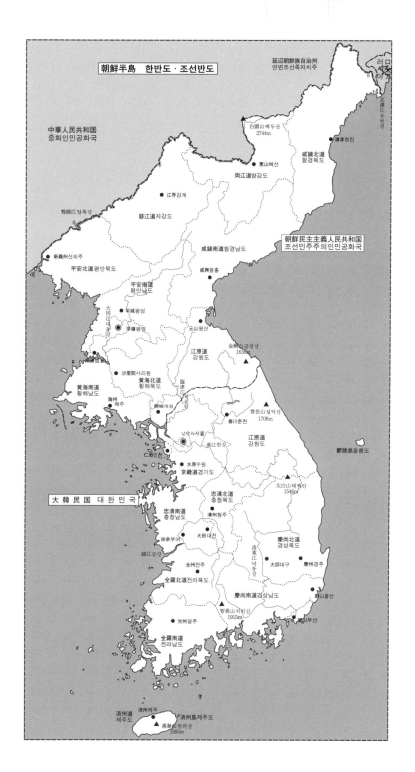

朝鮮半島　한반도・조선반도

延辺朝鮮族自治州
연변조선족자치주

中華人民共和国
중화인민공화국

白頭山백두산
2744m

咸鏡北道
함경북도

淸津청진

両江道량강도

恵山혜산

鴨緑江압록강

江界강계

慈江道자강도

咸鏡南道함경남도

新義州신의주

咸興함흥

平安北道평안북도

朝鮮民主主義人民共和国
조선민주주의인민공화국

平安南道
평안남도

平城평성

大同江대동강

平壌평양

元山원산

江原道
강원도

金剛山금강산
1638m

沙里院사리원

黄海北道
황해북도

黄海南道
황해남도

海州해주

臨津江

開城개성

雪岳山설악산
1708m

春川춘천

江原道
강원도

ソウル서울

漢江한강

鬱陵島울릉도

仁川인천

水原수원

京畿道경기도

忠清北道
충청북도

太白山태백산
1546m

大韓民国　대한민국

忠清南道
충청남도

清州청주

扶余부여

大田대전

慶尚北道
경상북도

錦江금강

全州전주

洛東江낙동강

大邱대구

慶州경주

全羅北道전라북도

慶尚南道경상남도

蔚山울산

智異山지리산
1915m

釜山부산

光州광주

全羅南道
전라남도

済州道
제주도

済州제주

済州島제주도

漢拏山한라산
1950m

パロパロ韓国語 1
－正しく学び、すぐに使える韓国語－

바로 배우고 바로 쓰는 한국어 교재

徐　珉廷

吉本　一

同学社

┌─ 音声について ─────────────────────────────┐

🎧 がついている箇所は、ネイティブスピーカーによる録音があります。
同学社のホームページよりダウンロードできます。

https://dogakusha.crs-stream.jp/books/02809/

また、各課の QR コードを読み取ると音声を聞くことができます。

└──┘

本文イラスト：吉本忠男
表紙デザイン：XYLO

まえがき

　自由に韓国旅行をしたい、韓国人の友だちと韓国語で話がしたい、芸能人の誰かが好きでその方と話してみたい、字幕なしで韓国の映画やドラマを見たいなど、さまざまな理由で韓国語を学んでみようと思い、みなさんはこの本を手にしたのでしょう。2012 年には、そういったみなさんの思いを受け、『話そう韓国語』を刊行しました。しかし時代の変化により、日本での韓国語学習者が数の増加だけでなく、質も変わってきたような気がします。『パロパロ韓国語 1』はそのような時代のニーズに合わせ、作成しました。

　2020 年から世界中を襲ったコロナ禍の余波を受けて、徐々に浸透してきた非対面の言語学習が本格的に動き始めました。韓国語教育の領域も大きく変化しています。デジタルメディア環境のなかで育ち、活字より映像に親しんできた世代に向けてこの本は、いつでも気軽に音声を聞いて練習できるよう、音声ダウンロードとは別に、各課に 2 箇所ずつスマホで読み取れる QR コードを付けました。またこのテキストは、韓国語の基礎をしっかり身につけることを念頭におきながら、会話コミュニケーションを中心に構成しました。イラストも豊富に使い、飽きずに韓国語学習を続けるよう工夫しました。

　何事も「楽しいからこそ続けられる」と思います。このテキストを通して、みなさんが韓国語を楽しく勉強でき、かつ韓国語が話せるようになったら、これ以上の喜びはありません。

　最後になりましたが、出版の企画から編集までご尽力を頂いた同学社編集部の石坂裕美子さんをはじめとする同学社の方々、かわいいイラストを描いてくださった吉本忠男さんに、この場を借りてお礼を申し上げます。

2023 年　秋
著者

目　　次

第 1 部 文字と発音

第 2 部 会話と表現

付録

課	トピック	文法 / 文型	タスク	語彙など
1	挨拶と紹介	① -입니다 /-입니까 ? ② -은 / 는 ③ -이 / 가 아닙니다	自己紹介	国 職業
2	電話番号	① 漢字語数詞 1 ～ 10 ② -이 / 가 ③ 몇	新しい友だち	趣味
3	家族	① 家族名称 ② 있습니다 / 없습니다 ③ -도	お兄さんが いますか。	疑問詞のまとめ
4	教室	① 이 , 그 , 저 ② -의 ③ -에	誰のですか。	真樹の部屋
5	週末	① -ㅂ니다 / 습니다 ② -을 / 를 ③ -와 / 과 / 하고	毎日？よく？ たまに？	動詞
6	誕生日	① 년 , 월 , 일 , 요일 ② -이에요 / 예요 ③ -이 / 가 아니에요	誕生日はいつ ですか。	韓国の公休日
7	場所と位置	① 位置表現 ② 있어요 / 없어요 ③ -(으)면	テーブルの上に あります。	いろいろな場所
8	日常生活	① -(아/어)요 ② 안 ～ ③ -지 않다	二十の扉	頻度副詞反意語 関係で覚える 形容詞
9	私の一日	① 固有語数詞 ② -시 -분 ③ -부터 / 에서 -까지	生活習慣	年と干支
10	過去のこと	① 動詞・形容詞の過去形 ② -지만 ③ -에서	昨日何をしました か。	身体の各部位
11	買い物と注文	① 漢字語数詞に付く助数詞 ② 固有語数詞に付く助数詞 ③ -(으)세요	値段を尋ねる ゲーム	いろいろな果物
12	やりたいこと	① -고 싶다 ② -보다 ③ -에게 / 한테	何をしたい ですか。	韓国に関する クイズ

各課の構成

1. モデル会話

　実際にありうる会話になっています。QR コードが付いているので、スマートフォンでいつでも気軽に聞きながら練習できます。

2. ポイント学習

　その課の重要なポイントを 3 項目ずつ、表などを使い、分かりやすく説明しています。それぞれ練習 A と練習 B を付けていますが、練習 A は理解度を確かめる書く問題、練習 B は入れ替え練習で短い会話ができる問題になっています。また練習 B は同学社のホームページから音声をダウンロードし、聞くことができます。

3. シナリオ・プレイ

　会話のシナリオに自分で考えた単語や語句を自由に入れて練習してみましょう。

4. Listening

　QR コード付きでいつでもスマートフォンで聞くことができます。イラストを見ながら問題を解いてみましょう。

5. タスク

　その課で学んだ内容を、ペアワーク、グループワーク、インタビュー、ゲームなど、さまざまな形で楽しめるようになっています。

6. 確認学習

　学習内容の定着度を確認します。習ったことをもとに日本語から韓国語への翻訳をしてみましょう。

7. ミニ辞書

　新出の語彙・表現をまとめました。しっかり覚えるようにしましょう。

第1部
文字と発音編

光化門 世宗大王の銅像

ハングルの構造

ハングルは 1 文字が 1 音節を表し、アルファベットのように字母で分かれるところが日本語と異なります。

1）子音字母＋母音字母

 사 [sa]

初声	中声
ㅅ [s]	ㅏ [a]

 소 [so]

初声	ㅅ [s]
中声	ㅗ [o]

2）子音字母＋母音字母＋子音字母

 산 [san]

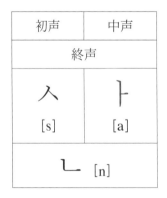

初声	中声
終声	
ㅅ [s]	ㅏ [a]
ㄴ [n]	

손 [son]

初声	ㅅ [s]
中声	ㅗ [o]
終声	ㄴ [n]

※ 最初の子音を「初声」、次の母音を「中声」、最後の子音を「終声」といいます。
　また、「終声字母」のことを「パッチム（받침）」といいます。

● 1 中声 ●

中声とは日本語の「ア、イ、ウ、エ、オ」のような母音のことです。

1-1　単母音

まず、最も基本的な 8 つの単母音を学びましょう。

🎧 002

ア	아	[a]	日本語の「ア」の発音とほぼ同じ。
			아　　　아
イ	이	[i]	日本語の「イ」とほぼ同じ。
			이　　　이
ウ	우	[u]	日本語の「ウ」より唇を丸めて突き出して発音する。円唇の「ウ」。
			우　　　우
	으	[ɯ]	日本語の「ウ」より唇を横に引いて発音する。平唇の「ウ」。
			으　　　으
エ	에	[e]	日本語の「エ」より口を狭く開いて発音する。狭い「エ」。
			에　　　에
	애	[ɛ]	日本語の「エ」より口を大きく開いて発音する。広い「エ」。
			애　　　애
オ	오	[o]	日本語の「オ」より唇を丸めて突き出して発音する。円唇の「オ」。
			오　　　오
	어	[ɔ]	日本語の「オ」より口を大きく開いて発音する。平唇の「オ」。
			어　　　어

◆「ㅇ」の発音

初声に子音のない時は字体を整えるために「ㅇ」字を書きますが、この時の「ㅇ」は発音しません。

◆「에」「애」の発音

「에」と「애」は、昔は区別して発音していましたが、最近だんだん区別されなくなっています。そのため、両方とも日本語の「エ」と同じように発音してもかまいません。ただし、書くときは区別しますので気をつけましょう。

1-2　半母音 [j] ＋単母音

日本語の「ヤ、ユ、ヨ」のように単母音の前に半母音 [j] が付いたものがあります。 003

ヤ	야	[ja]	야	야			
ユ	유	[ju]	유	유			
ヨ	요	[jo]	요	요			
	여	[jɔ]	여	여			
イェ	예	[je]	예	예			
	얘	[jɛ]	얘	얘			

◆ 母音の並び方の基本

辞書では下の順序を基本にして、単語などが並んでいます。

ㅏ　ㅑ　ㅓ　ㅕ　ㅗ　ㅛ　ㅜ　ㅠ　ㅡ　ㅣ

練習1　読んでみましょう。 004

① 오　　② 이　　③ 아이　　④ 오이　　⑤ 우유　　⑥ 이유
　　5　　　　歯　　　　子ども　　キュウリ　　牛乳　　　理由

練習2

1. 音声をよく聞いて正しいものを選びましょう。 005

① 아　에　오　　② 어　애　유　　③ 이　야　예

④ 우어　요여　　⑤ 어야　여이　　⑥ 오으　이우

2. 同じ母音字を線で結んでみましょう。

아　야　어　여　오　요　우　유　으　이

유　예　우　어　에　으　아　여　애　오

練習3　次の単語を発音しながら、書いてみましょう。

① 오	[o]	五			
② 아이	[ai]	子ども			
③ 오이	[oi]	キュウリ			
④ 우유	[uju]	牛乳			
⑤ 이유	[iju]	理由			
⑥ 예	[je]	はい			
⑦ 여우	[jɔu]	きつね			

1-3　半母音 [w] ＋単母音

日本語の「ワ」のように単母音の前に半母音 [w] が付いたものがあります。

와	[wa]	ㅗ ＋ ㅏ ＝ 와	와		
왜	[wɛ]	ㅗ ＋ ㅐ ＝ 왜	왜		
외	[we]	ㅗ ＋ ㅣ ＝ 외	외		
워	[wɔ]	ㅜ ＋ ㅓ ＝ 워	워		
웨	[we]	ㅜ ＋ ㅔ ＝ 웨	웨		
위	[wi]	ㅜ ＋ ㅣ ＝ 위	위		

◆ 「왜」「외」「웨」の発音

「왜」「외」「웨」の発音も、最近区別しなくなっています。3つとも「ウェ」と発音すれば大丈夫です。ただし、書くときは区別しますので気をつけましょう。

練習1　読んでみましょう。

① 왜　　② 위　　③ 야외　　④ 예외　　⑤ 와요
　なぜ　　　　上　　　野外　　　　例外　　　　来ます

練習2　次の単語を発音しながら、書いてみましょう。

① 위	[wi]	上			
② 예외	[jewe]	例外			
③ 야외	[jawe]	野外			
④ 왜요?	[wɛjo]	なぜですか			
⑤ 와요	[wajo]	来ます			
⑥ 외워요	[øwɔjo]	覚えます			

1-4　二重母音

単母音「ㅡ」と「ㅣ」が組み合わさった「ㅢ」があります。

ㅢ	[ɰi]	ㅡ ＋ ㅣ ＝ ㅢ	의			

◆ 「의」の発音：どの位置に来るのかによって発音が異なります。

1) 語頭の場合 → [ɰi]　　　　　　　　　例) 의외 [ɰiwe]（意外）

2) 語頭以外、または子音を伴う場合 → [i]　　例) 유의어 [juiɔ]（類義語）

3) 所有格助詞「の」の場合 → [e]　　　　　例) 아이의 우유 [aie uju]
　　　　　　　　　　　　　　　　　　　　　　　（子どもの牛乳）

練習1　次の単語を発音しながら、書いてみましょう。

① 예의	[jei]	礼儀			
② 의의	[ɰii]	意義			

● 2 初声 ●

初声とは音節の最初にある子音のことで、鼻音、流音、声門音、平音、激音、濃音に分けられます。以下で順番に学んでいきます。

2-1 鼻音

		ナ行の子音とほぼ同じ。						
ㄴ	[n]	ㄴ	ㄴ					
		マ行の子音とほぼ同じ。						
ㅁ	[m]	ㅁ	ㅁ					

練習 1　発音しながら書いてみましょう。

母音 子音	ㅏ [a]	ㅣ [i]	ㅜ [u]	ㅡ [ɯ]	ㅔ [e]	ㅐ [ɛ]	ㅗ [o]	ㅓ [ɔ]
ㄴ [n]								
ㅁ [m]								

練習 2　次の単語を発音しながら書いてみましょう。

🎧 012

① 네	[ne]	はい			
② 아뇨	[anjo]	いいえ			
③ 너무	[nɔmu]	とても			
④ 어머니	[ɔmɔni]	母			

練習3 次の文を発音しながら、書いてみましょう。 🎧 013

① 아니에요.　違います。　⋯⋯⋯⋯⋯⋯⋯⋯⋯⋯⋯⋯⋯⋯⋯⋯⋯

② 매워요.　辛いです。　⋯⋯⋯⋯⋯⋯⋯⋯⋯⋯⋯⋯⋯⋯⋯⋯⋯

③ 모아요.　集めます。　⋯⋯⋯⋯⋯⋯⋯⋯⋯⋯⋯⋯⋯⋯⋯⋯⋯

④ 뭐예요?　何ですか。　⋯⋯⋯⋯⋯⋯⋯⋯⋯⋯⋯⋯⋯⋯⋯⋯⋯

⑤ 나눠요.　分けます。　⋯⋯⋯⋯⋯⋯⋯⋯⋯⋯⋯⋯⋯⋯⋯⋯⋯

練習4 次の会話を発音しながら書き、ペアで練習してみましょう。 🎧 014

① A : 나무예요?　木ですか。　⋯⋯⋯⋯⋯⋯⋯⋯⋯⋯⋯⋯⋯⋯⋯

　　 B : 네, 나무예요.

　　　　　　　　　 はい、木です。　⋯⋯⋯⋯⋯⋯⋯⋯⋯⋯⋯⋯⋯

② A : 뭐예요?　何ですか。　⋯⋯⋯⋯⋯⋯⋯⋯⋯⋯⋯⋯⋯⋯⋯⋯

　　 B : 메모예요.　メモです。　⋯⋯⋯⋯⋯⋯⋯⋯⋯⋯⋯⋯⋯⋯⋯

③ A : 매워요?　辛いですか。　⋯⋯⋯⋯⋯⋯⋯⋯⋯⋯⋯⋯⋯⋯⋯

　　 B : 네, 너무 매워요.

　　　　　　　　　 ええ、すごく辛いです。　⋯⋯⋯⋯⋯⋯⋯⋯⋯⋯

④ A : 누나예요?　お姉さんですか。　⋯⋯⋯⋯⋯⋯⋯⋯⋯⋯⋯⋯

　　 B : 아뇨, 어머니예요.

　　　　　　　　　 いいえ、母です。　⋯⋯⋯⋯⋯⋯⋯⋯⋯⋯⋯⋯

2-2　流音

ㄹ	[r]	ラ行の子音とほぼ同じ。						
		ㄹ	ㄹ					

練習1 発音しながら書いてみましょう。

母音 / 子音	ㅏ [a]	ㅣ [i]	ㅜ [u]	ㅡ [ɯ]	ㅔ [e]	ㅐ [ɛ]	ㅗ [o]	ㅓ [ɔ]
ㄹ [r]								

練習2　次の単語を発音しながら、書いてみましょう。

🎧 015

① 나라　[nara]	国			
② 머리　[mɔri]	頭			
③ 노래　[norɛ]	歌			
④ 무료　[murjo]	無料			
⑤ 아래　[arɛ]	下			

練習3　次の文を発音しながら、書いてみましょう。

🎧 016

① 머리예요.　　　頭です。

② 내려요.　　　　降ります。

③ 어려워요.　　　難しいです。

④ 외로워요.　　　寂しいです。

⑤ 우리 아니에요.　私たちじゃないです。

2-3　声門音

ㅎ	[r]	ハ行の子音とほぼ同じ。						
		ㅎ	ㅎ					

練習1　発音しながら書いてみましょう。

母音／子音	ㅏ [a]	ㅣ [i]	ㅜ [u]	ㅡ [ɯ]	ㅔ [e]	ㅐ [ɛ]	ㅗ [o]	ㅓ [ɔ]
ㅎ [h]								

練習2　次の単語を発音しながら、書いてみましょう。

① 오후　　[ohu]	午後			
② 하나　　[hana]	一つ			
③ 허리　　[hɔri]	腰			
④ 하마　　[hama]	カバ			
⑤ 해외　　[hɛwe]	海外			

練習3　次の文を発音しながら、書いてみましょう。

① 요리해요.　料理します。

② 이해해요.　理解します。

③ 회의예요.　会議です。

④ 너무해요.　ひどいです。

⑤ 화나요.　腹が立ちます。

練習4　次の会話を発音しながら書き、ペアで練習してみましょう。

① A：하나예요?　一つですか。

　　B：네, 하나예요.

　　　　　　　　はい、一つです。

② A：뭐 해요?　何をしているんですか。

　　B：요리해요.　料理をしています。

③ A：오후에 뭐 해요?

　　　　　　　　午後に何をしますか。

　　B：회의예요.　会議です。

④ A：너무해요.　ひどいですよ。

　　B：네, 너무하네요.

　　　　　　　　ええ、ひどいですね。

⑤ A：화나요.　腹が立ちます。

　　B：이해해요.　分かります。

2-4 平音

平音は強い息を伴わない音です。

		語頭		語中	
ㄱ	[k]	カ行の子音とほぼ同じ。	[g]	ガ行の子音とほぼ同じ。
ㄷ	[t]	タ、テ、トの子音とほぼ同じ。	[d]	ダ、デ、ドの子音とほぼ同じ。
ㅂ	[p]	パ行の子音とほぼ同じ。	[b]	バ行の子音とほぼ同じ。
ㅈ	[ʧ]	チャ行の子音とほぼ同じ。	[ʤ]	ジャ行の子音とほぼ同じ。
ㅅ	[s/ʃ]	サ行の子音と同じ。[i]［wi]［j］の前では［ʃ］と発音する。			

◆ 発音ルール：有声音化

「ㄱ」「ㄷ」「ㅂ」「ㅈ」は語頭に来る場合は、[k]［t］[p]［ʧ］と発音しますが、語中では［g］[d]［b］[ʤ] と発音します。

고기 (肉)　[kogi]　　　구두 (くつ)　[kudu]

부부 (夫婦)　[pubu]　　　바지 (ズボン)　[paʤi]

ただし、「ㅅ」［s/ʃ］は語頭でも語中でも濁りませんので気をつけましょう。

무사 (無事)　[musa]　　　다시 (再び)　[taʃi]

練習 1　発音しながら書いてみましょう。

母音 / 子音	ㅏ [a]	ㅣ [i]	ㅜ [u]	ㅡ [ɯ]	ㅔ [e]	ㅐ [ɛ]	ㅗ [o]	ㅓ [ɔ]
ㄱ [k]								
ㄷ [t]								
ㅂ [p]								
ㅈ [ʧ]								
ㅅ [s/ʃ]								

練習2　次の単語を発音しながら、書いてみましょう。

① 가수	[kasu]	歌手			
② 다리	[tari]	脚			
③ 모자	[moʥa]	帽子			
④ 바지	[paʥi]	ズボン			
⑤ 사자	[saʥa]	ライオン			
⑥ 아버지	[abɔʥi]	父			
⑦ 자유	[ʧaju]	自由			
⑧ 버스	[pɔsɯ]	バス			
⑨ 주소	[ʧuso]	住所			
⑩ 다리미	[tarimi]	アイロン			

練習3　次の文を発音しながら、書いてみましょう。

① 고마워요.　　ありがとうございます。

② 여보세요.　　もしもし。

③ 여기요!　　すみません。

④ 누구세요?　　どなたですか。

⑤ 드세요.　　召し上がってください。

⑥ 그래요.　　そうです。

⑦ 왜 그러세요?　どうなさいましたか。

⑧ 저거 주세요.　あれ、ください。

⑨ 어디 가세요?　どこへ行かれますか。

⑩ 아주 쉬워요.　とても易しいです。

練習4 次の会話を発音しながら書き、ペアで練習してみましょう。

① A：누구세요? 　どなたですか。　_____

　　B：저예요.　　　私です。　_____

② A：그거 뭐예요?　それ、何ですか。_____

　　B：모자예요.　　帽子です。_____

③ A：뭐 마셔요?　　何を飲みますか。_____

　　B：주스 마셔요.　ジュースを飲みます。_____

④ A：고마워요.　　　ありがとうございます。_____

　　B：아니에요.　　どういたしまして。_____

⑤ A：여기요!　　　　すみません。_____

　　B：네, 기다려 주세요.　_____

　　　　　　　　　　はい、お待ちください。

菊茶

2-5　激音

激音は強い息を伴う音です。語頭でも語中でも濁ることはありません。

ㅋ	[kʰ]	カ行の子音とほぼ同じだが、強い息を伴う。						
ㅌ	[tʰ]	タ、テ、トの子音とほぼ同じだが、強い息を伴う。						
ㅍ	[pʰ]	パ行の子音とほぼ同じだが、強い息を伴う						
ㅊ	[ʧʰ]	チャ行の子音とほぼ同じだが、強い息を伴う。						

練習 1　発音しながら書いてみましょう。

母音 / 子音	ㅏ [a]	ㅣ [i]	ㅜ [u]	ㅡ [ɯ]	ㅔ [e]	ㅐ [ɛ]	ㅗ [o]	ㅓ [ɔ]
ㅋ [kʰ]								
ㅌ [tʰ]								
ㅍ [pʰ]								
ㅊ [ʧʰ]								

練習 2　次の単語を発音しながら、書いてみましょう。 🎧 023

① 커피	[kʰɔpʰi]	コーヒー			
② 토마토	[tʰomatʰo]	トマト			
③ 파티	[pʰatʰi]	パーティー			
④ 피자	[pʰiʤa]	ピザ			
⑤ 치마	[ʧʰima]	スカート			
⑥ 포도	[pʰodo]	ぶどう			
⑦ 아파트	[apʰatʰɯ]	マンション			
⑧ 티셔츠	[tʰiʃjɔʧʰɯ]	Tシャツ			

練習3　次の文を発音しながら、書いてみましょう。

024

① 아파요.　　　痛いです。

② 커요.　　　　大きいです。

③ 타요.　　　　乗ります。

④ 추워요?　　寒いですか。

⑤ 배고파요.　おなかがすきました。

⑥ 커피 주세요.　コーヒーをください。

⑦ 포기하세요.　諦めてください。

⑧ 너무 차요.　とても冷たいです。

練習4　次の会話を発音しながら書き、ペアで練習してみましょう。

025

① A : 추워요?　　　　寒いですか。

　　B : 네, 추워요.　　ええ、寒いです。

② A : 배고파요?　　おなかがすきましたか。

　　B : 네, 배고파요.　ええ、おなかがすきました。

③ A : 커피 마셔요?　コーヒーを飲みますか。

　　B : 네, 고마워요.　ええ、ありがとうございます。

④ A : 어디가 아파요?　どこが痛いですか。

　　B : 배가 아파요.　　おなかが痛いです。

⑤ A : 뭐 타고 가요?　何に乗って行きますか。

　　B : 버스 타고 가요.

　　　　　　　　バスに乗って行きます。

ソウル地下鉄の入口：梨泰院 駅

2-6 　濃音

濃音はほとんど息を伴わず、喉を緊張させて出す音です。語頭でも語中でも濁ることはありません。

ㄲ	[ˀk]	喉を緊張させてカ行の子音を発音する。 たとえば、까は「サッカー」の「ッカ」のような音。
ㄸ	[ˀt]	喉を緊張させてタ、テ、トの子音を発音する。 たとえば、따は「バッター」の「ッタ」のような音。
ㅃ	[ˀp]	喉を緊張させてパ行の子音を発音する。 たとえば、빠は「ラッパ」の「ッパ」のような音
ㅉ	[ˀʧ]	喉を緊張させてチャ行の子音を発音する。 たとえば、짜は「ピッチャー」の「ッチャ」のような音。
ㅆ	[ˀs/ˀʃ]	喉を緊張させてサ行の子音を発音する。 たとえば、싸は「マッサージ」の「ッサ」のような音。

練習 1 　発音しながら書いてみましょう。

子音＼母音	ㅏ [a]	ㅣ [i]	ㅜ [u]	ㅡ [ɯ]	ㅔ [e]	ㅐ [ɛ]	ㅗ [o]	ㅓ [ɔ]
ㄲ [ˀk]								
ㄸ [ˀt]								
ㅃ [ˀp]								
ㅉ [ˀʧ]								
ㅆ [ˀs/ˀʃ]								

練習２　次の単語を発音しながら、書いてみましょう。 026

① 또	[ʔto]	また		
② 뽀뽀	[ʔpoʔpo]	チュー		
③ 싸다	[ʔsada]	（値段が）安い		
④ 짜다	[ʔʧada]	しょっぱい		
⑤ 토끼	[thoʔki]	うさぎ		
⑥ 아빠	[aʔpa]	パパ		
⑦ 아저씨	[aʤɔʔʃi]	おじさん		
⑧ 가짜	[kaʔʧa]	にせもの		
⑨ 따로따로	[ʔtaroʔtaro]	別々		

◆　平音 / 激音 / 濃音の対比

よく聞いて正しく発音してみましょう。 🎧027

平音	가 [ka]	다 [ta]	바 [pa]	자 [ʧa]	사 [sa]
激音	카 [kʰa]	타 [tʰa]	파 [pʰa]	차 [ʧʰa]	
濃音	까 [ʔka]	따 [ʔta]	빠 [ʔpa]	짜 [ʔʧa]	싸 [ʔsa]

確認練習　よく聞いて正しいものを選びましょう。 🎧028

① 고　코　꼬　　② 두　투　뚜　　③ 바　파　빠
④ 서　써　　　　⑤ 자다　차다　짜다

練習3　次の単語を発音しながら、書いてみましょう。 029

① 비싸요.　　　　(値段が) 高いです。 ....

② 바빠요.　　　　忙しいです。 ....

③ 가까워요.　　　近いです。 ....

④ 짜요.　　　　　しょっぱいです。 ....

⑤ 어때요?　　　　どうですか。 ....

⑥ 싸 주세요.　　　包んでください ....

⑦ 너무 예뻐요.　　とてもかわいいです。 ....

練習4　次の会話を発音しながら書き、ペアで練習してみましょう。 030

① A：짜요?　　　　しょっぱいですか。 ....

　 B：네, 짜요.　　ええ、しょっぱいです。

② A：바쁘세요?　　お忙しいですか。 ....

　 B：네, 너무 바빠요.　ええ、すごく忙しいです。

....

③ A：그거 비싸요?　それ、高いですか。 ....

　 B：아뇨, 싸요.　いいえ、安いです。 ....

④ A：이거 어때요?　これ、どうですか。 ....

　 B：예뻐요.　　　かわいいです。 ....

⑤ A：여기서 가까워요?　ここから近いですか。 ....

　 B：아주 가까워요.　とても近いです。 ....

ソウル・清渓川

● 3 終声 ●

終声とは音節末の子音のことで、発音の仕方により鼻音、流音、閉鎖音に分けられます。

3-1 鼻音・流音

ㅁ [m], ㄴ [n], ㅇ [ŋ] は日本語母語話者にはすべて「ン」に聞こえることがありますが、韓国語ではまったく異なる音です。終声字母 (パッチム) としての「ㅇ」は [ŋ] の音を表します。

ㅁ	[m]	唇をしっかり閉じて、鼻に息を抜く音。
ㄴ	[n]	舌先を上の歯の裏、歯茎のあたりにしっかり付けて鼻に息を抜く音。
ㅇ	[ŋ]	舌の奥の方を上あごの柔らかい部分にしっかり付けて鼻に息を抜く音。
ㄹ	[l]	舌先を少し丸めるような感じで、上あごの歯茎より少し奥にしっかり付けて発音する。

次のように終声が異なるとまったく違う意味になります。

밤	반	방	발
[pam]	[paːn]	[paŋ]	[pal]
夜	半分	部屋	足

練習 1　次の母音と組み合わせて書き、発音しながら書いてみましょう。

母音\子音	아 [a]	이 [i]	우 [u]	으 [ɯ]	에 [e]	애 [ɛ]	오 [o]	어 [ɔ]
ㅁ [m]	암							
ㄴ [n]	안							
ㅇ [ŋ]	앙							
ㄹ [l]	알							

練習 2　次の単語を発音しながら、書いてみましょう。

031

① 몸 [mom]	体			
② 마음 [maɯm]	心			
③ 산 [san]	山			
④ 언니 [ɔnni]	(妹から見て) 姉			
⑤ 공 [koŋ]	ボール			
⑥ 비행기 [pihɛŋgi]	飛行機			
⑦ 달 [tal]	月			
⑧ 가을 [kaɯl]	秋			
⑨ 선생님 [sɔnsɛŋnim]	先生			
⑩ 얼굴 [ɔlgul]	顔			

◆ 発音ルール：連音化

終声字母（パッチム）のある文字の次に母音で始まる文字が来ると、前の文字の終声字母は次の音節の初声として発音されます。

　　　　＜表記＞　　　　＜発音＞

　　할아버지　　/ 하라버지 /　（おじいさん）

　　연애　　　　/ 여내 /　　　（恋愛）

　　이름은　　　/ 이르믄 /　　（名前は）

練習３　次の単語を発音しながら、書いてみましょう。 🎧 032

① 단어　[tanɔ]	単語			
② 음악　[ɯmak]	音楽			
③ 발음　[parɯm]	発音			
④ 영어　[jɔŋɔ]	英語			
⑤ 일본어　[ilbonɔ]	日本語			
⑥ 점원　[tʃɔmwɔn]	店員			
⑦ 칠월　[tʃʰirwɔl]	７月			
⑧ 강아지　[kaŋaʥi]	子犬			
⑨ 호랑이　[horaŋi]	虎			
⑩ 편의점　[pʰjɔniʥɔm]	コンビニ			

練習４　次の文を発音しながら、書いてみましょう。 🎧 033

① 건배.　　　乾杯。　............................　............................
② 진짜요?　　本当ですか。　............................　............................
③ 잘 자.　　　おやすみ。　............................　............................
④ 몰라요.　　分かりません。　............................　............................
⑤ 사랑해요.　愛しています。　............................　............................
⑥ 안녕하세요?　こんにちは。　............................　............................
⑦ 또 만나요.　また会いましょう。　............................　............................
⑧ 미안해요.　ごめんなさい。　............................　............................

練習５　次の会話を発音しながら書き、ペアで練習してみましょう。 🎧 034

① A：건배.　乾杯。　............................　............................
　 B：건배!　乾杯！　............................　............................

27

② A : 진짜요? 本当ですか。 ....

    B : 물론이죠. もちろんですよ。 ....

③ A : 안녕하세요? こんにちは。 ....

    B : 네, 안녕하세요? あ、こんにちは。 ....

3-2　閉鎖音

閉鎖音の終声 [ᵖ] [ᵗ] [ᵏ] は、日本語母語話者にはすべて「ッ」に聞こえることがありますが、韓国語ではまったく異なる音です。表記上はたくさんの終声字母（パッチム）が使われますが、実際の発音は 3 つしかありません。

ㅂ ㅍ	[ᵖ]	唇をしっかりと閉じて止める音。
ㄷ ㅌ ㅅ ㅆ ㅈ ㅊ ㅎ	[ᵗ]	舌先を歯茎のあたりにしっかり付けて止める音。
ㄱ ㅋ ㄲ	[ᵏ]	舌の奥の方を上あごの柔らかい部分にしっかり付けて止める音。

次のように終声が異なるとまったく違う意味になります。

밥	밭	박
[paᵖ]	[paᵗ]	[paᵏ]
ご飯	畑	朴（姓）

練習 1　次の母音と組み合わせて書き、発音しながら書いてみましょう。

母音／子音	아 [a]	이 [i]	우 [u]	으 [ɯ]	에 [e]	애 [ε]	오 [o]	어 [ɔ]
ㅂ [ᵖ]	압							
ㄷ [ᵗ]	앋							
ㄱ [ᵏ]	악							

① 수박	[subaᵏ]	すいか			
② 입	[iᵖ]	口			
③ 낮	[naᵗ]	昼			
④ 부엌	[puɔᵏ]	台所			
⑤ 옷	[oᵗ]	服			
⑥ 밖	[paᵏ]	外			
⑦ 무릎	[muɯᵖ]	ひざ			

◆ 子音の並び方の基本

辞書では下の順序を基本にして、単語などが並んでいます。

ㄱ　ㄴ　ㄷ　ㄹ　ㅁ　ㅂ　ㅅ　ㅇ　ㅈ　ㅊ　ㅋ　ㅌ　ㅍ　ㅎ

◆ 가나다라順

普通、上の子音に母音ㅏを付けて覚えますが、それを「가나다라順」といいます。

가　나　다　라　마　바　사　아　자　차　카　타　파　하

① 산 / 삼
　山 / 三

② 곰 / 공
　熊 / ボール

③ 밭 / 밖
　畑 / 外

④ 밥 / 밤
　ご飯 / 夜

⑤ 별 / 병
　星 / 瓶

⑥ 숟가락 / 젓가락
　スプーン / 箸

⑦ 웃다 / 울다
　笑う / 泣く

① 먹어요.　　食べます。　　...　...
② 입으세요.　着てください。　...　...
③ 맛있어요.　おいしいです。　...　...
④ 밥 주세요.　ごはんを下さい。...　...

⑤ 택시 타요.　　タクシーに乗ります。

⑥ 푹 쉬세요.　　ゆっくり休んでください。

⑦ 숙제 있어요.　宿題があります。

練習4　次の会話を発音しながら書き、ペアで練習してみましょう。🎧 038

① A : 점심 먹었어요?　　昼ごはん、食べましたか。

　　B : 아직 안 먹었어요.　まだ食べていません。

② A : 맛이 어때요?　　味はどうですか。

　　B : 진짜 맛있어요.　ホントにおいしいです。

③ A : 이 옷 입어 보세요.　この服、着てみてください。

　　B : 좀 크네요.　　少し大きいですね。

◉ 子音字母の名前 ◉

ㄱ	ㄴ	ㄷ	ㄹ	ㅁ	ㅂ	ㅅ
기역	니은	디귿	리을	미음	비읍	시옷
キヨ_ク	ニウン	ティグッ	リウ_ル	ミウ_ム	ピウ_プ	シオッ

ㅇ	ㅈ	ㅊ	ㅋ	ㅌ	ㅍ	ㅎ
이응	지읒	치읓	키읔	티읕	피읖	히읗
イウン	チウッ	チウッ	キウ_ク	ティウッ	ピウ_プ	ヒウッ

その他、濃音の字にも名前があります。

ㄲ	ㄸ	ㅃ	ㅆ	ㅉ
쌍기역	쌍디귿	쌍비읍	쌍시옷	쌍지읒
サンギヨ_ク	サンディグッ	サンビウ_プ	サンシオッ	サンヂウッ

● 辞書の引き方 ●

辞書の引き順は ①「初声(子音字)」→ ②「中声(母音字)」→ ③「終声(子音字)」の順で
引きます。たとえば、김（海苔）を辞書で引く場合、
① ㄱ → ② ㅣ → ③ ㅁ の順で引きます。

練習　次の単語の意味を辞書で調べてみましょう。

1) 고양이 ＿＿＿＿＿＿＿　　2) 개 ＿＿＿＿＿＿＿　　3) 호랑이 ＿＿＿＿＿＿＿

4) 소 ＿＿＿＿＿＿＿　　5) 돼지 ＿＿＿＿＿＿＿　　6) 말 ＿＿＿＿＿＿＿

● 二重パッチム ●

039

表記上は終声字母（パッチム）が二つ書かれることがありますが、実際にはそのうち一つし
か発音しません。いくつかの例外を除いて、基本的に가나다라順 (p.29) で早い方を読みます。

表記	発音	例
① ㄵ	ㄴ [n]	앉다 /안따/ 座る
② ㄶ		많다 /만타/ 多い
③ ㄼ	ㄹ [l]	여덟 /여덜/ 八つ
④ ㄽ		외곬 /외골/ 一筋
⑤ ㄾ		핥다 /할따/ なめる
⑥ ㅀ		싫다 /실타/ いやだ
⑦ ㅄ	ㅂ [ᵖ]	값 /갑/ 値段
⑧ ㄳ	ㄱ [ᵏ]	넋 /넉/ 魂
⑨ ㄺ		닭 /닥/ 鶏

※③「ㄼ」は、ほとんどの場合 /ㄹ/ を発音し、'밟다'/밥따/（踏む）などごく一部の単
語のみ /ㅂ/ を発音します。

例外：(가나다라順に読まないもの)

⑩ ㄻ	ㅁ [m]	삶 /삼/ 人生
⑪ ㄿ	ㅂ [ᵖ]	읊다 /읍따/ 詠む

040

1) A : 안녕하세요?

「おはようございます」「こんにちは」「こんばんは」

朝、昼、晩いつでもこれ一つでOK！

B : 안녕하십니까?

Aよりやや硬いが、さらに丁寧な表現。意味は同じ。

2) A : 안녕히 계세요.

「さようなら」残る人に言うことば。

B : 안녕히 가세요.

「さようなら」去る人に言うことば。

3) A : 잘 먹겠습니다.

「いただきます」ご飯を食べる前はこの一言をお忘れなく！

B : 많이 드세요.

「たくさん召し上がってください」

たくさん食べることを美徳とする韓国ならではのあいさつ。

4) 잘 먹었습니다.

「ごちそうさまでした」ご飯を食べた後、言うことば。

5) A : 안녕히 주무세요.

「お休みなさい」寝る前に目上の人に言うことば。

B : 잘 자.

「お休み」寝る前に目下の人に言うことば。

6) A : 축하합니다.

　　　「おめでとうございます」お祝いのことば。

　　B : 감사합니다.

　　　「ありがとうございます」感謝を表すことば。

　　　同じ意味で「고맙습니다」もあり。

7) 수고하셨습니다.

　　「お疲れ様でした」

8) A : 미안합니다.

　　　「ごめんなさい」謝る時の表現。

　　　より丁寧な表現として「죄송합니다」もあり。

　　B : 괜찮아요.

　　　「大丈夫です」謝られたらこの一言を。

9) A : 실례합니다.

　　　「失礼します」室内に入る時に言うことば。

　　B : 어서 오세요.

　　　「いらっしゃいませ」

10) 새해 복 많이 받으세요.

　　「明けましておめでとうございます」に対応する新年のあいさつ。

　　直訳は「新年、福、たくさんもらってください」

● ハングルかな対照表 ●

かな		ハングル
ア イ ウ エ オ		아 이 우 에 오
カ キ ク ケ コ	語頭	가 기 구 게 고
	語中・語末	카 키 쿠 케 코
サ シ ス セ ソ		사 시 스 세 소
タ チ ツ テ ト	語頭	다 지 쓰 데 도
	語中・語末	타 치 쓰 테 토
ナ ニ ヌ ネ ノ		나 니 누 네 노
ハ ヒ フ ヘ ホ		하 히 후 헤 호
マ ミ ム メ モ		마 미 무 메 모
ヤ ユ ヨ		야 유 요
ラ リ ル レ ロ		라 리 루 레 로
ワ ヲ		와 오
ン		ㄴ
ガ ギ グ ゲ ゴ		가 기 구 게 고
ザ ジ ズ ゼ ゾ		자 지 즈 제 조
ダ ヂ ヅ デ ド		다 지 즈 데 도
バ ビ ブ ベ ボ		바 비 부 베 보
パ ピ プ ペ ポ		파 피 푸 페 포
キャ キュ キョ	語頭	갸 규 교
	語中・語末	캬 큐 쿄
ギャ ギュ ギョ		갸 규 교
シャ シュ ショ		샤 슈 쇼
ジャ ジュ ジョ		자 주 조
チャ チュ チョ	語頭	자 주 조
	語中・語末	차 추 초
ニャ ニュ ニョ		냐 뉴 뇨
ヒャ ヒュ ヒョ		햐 휴 효
ビャ ビュ ビョ		뱌 뷰 뵤
ピャ ピュ ピョ		퍄 퓨 표
ミャ ミュ ミョ		먀 뮤 묘
リャ リュ リョ		랴 류 료

・清音は語頭では平音、語中・語末では激音で書きます。

例）キムラ：기무라, スズキ：스즈키

・長音は書きません。　　　　　　　例）オオサカ：오사카, イチロー：이치로

・促音「ッ」は「ㅅ」で表記します。　例）ホッカイドウ：홋카이도

・撥音「ン」は「ㄴ」で表記します。　例）シンジュク：신주쿠

◆　次の文字をハングルで書いてみましょう。

1.　東京　　　　　..

2.　大阪　　　　　..

3.　福岡　　　　　..

4.　札幌　　　　　..

5.　京都　　　　　..

6.　お好み焼き　　..

7.　たこ焼き　　　..

8.　寿司　　　　　..

9.　うどん　　　　..

10.　そば　　　　　..

11.　村上春樹　　　..

12.　坂本龍一　　　..

◆　自分の名前をハングルで書いてみましょう。

....

第 2 部
会話と表現編

1 안녕하세요?

こんにちは。

大学の国際交流センターで

진우 : 안녕하세요?

마키 : 네, 안녕하세요?

　　　 이토 마키입니다.

진우 : 저는 이진우입니다.

마키 : 한국 사람입니까?

진우 : 네, 유학생입니다.

마키 : 만나서 반갑습니다.

ジヌ：こんにちは。
真樹：あ、こんにちは。
　　　伊藤真樹です。
ジヌ：私はイ・ジヌです。
真樹：韓国人ですか。
ジヌ：はい、留学生です。
真樹：お会いできてうれしいです。

🍀語彙と表現

042

안녕하세요? おはようございます / こんにちは / こんばんは		네 はい
-입니다 ～です	저 私	-은/는 ～は
한국 韓国	사람 人	-입니까? ～ですか
유학생 留学生	만나서 반갑습니다 お会いできてうれしいです	

🌸 ポイント学習 🌸

1 -입니다, -입니까?

「-입니다」は「名詞＋です」のかしこまった丁寧形です。疑問形は「-입니까?」になり、文末のイントネーションをあげます。

名詞-입니다 （➡）	〜です
名詞-입니까?（↗）	〜ですか

학생**입니다**. 　学生です。　　　　　　일본 사람**입니다**. 　日本人です。
선생님**입니까**? 　先生ですか。　　　　정말**입니까**? 　　　本当ですか。

練習 1 - A 　次の語に「-입니다」「-입니까?」を付けて書いてみましょう。

例) 대학생 大学生 → 대학생입니다　대학생입니까?

1) 한국 사람　韓国人　→ ....
2) 가수　　　　歌手　→ ....
3) 회사원　　　会社員　→ ....
4) 친구　　　　友だち　→ ....

練習 1 - B 　例にならってペアで話してみましょう。　🎧 043

A: 어느 나라 사람입니까? 　どちらの国の方ですか。
B: 일본 사람입니다. 　　　日本人です。

1) 미국 사람 アメリカ人　　　　2) 한국 사람 韓国人
3) 중국 사람 中国人　　　　　　4) 캐나다 사람 カナダ人

2 -은/는

主題を表す助詞。前の名詞が子音で終わるとき（＝パッチム有り）は「-은」、母音で終わるとき（＝パッチム無し）は「-는」を使います。

子音終わりの名詞 -은	～は
母音終わりの名詞 -는	

선생님은 한국 사람입니다. 先生は韓国人です。
저는 대학생입니다. 私は大学生です。

練習2-A 次の（ ）の中に○をつけましょう。

例）저 { 은 /(는) } 私は

1) 어머니 (은 / 는) 母は
2) 선생님 (은 / 는) 先生は
3) 이름 (은 / 는) 名前は
4) 미즈노 씨 (은 / 는) 水野さんは

練習2-B 次の絵を見てペアで話してみましょう。
044

하루나   스미스   김수빈   우소평   로라

A : 하루나 씨는 가수입니까? 春奈さんは歌手ですか。
B : 아니요, 배우입니다. いいえ、俳優です。

1) 선생님 / 학생
   先生 / 学生
2) 회사원 / 공무원
   会社員 / 公務員
3) 변호사 / 의사
   弁護士 / 医者
4) 직원 / 사장님
   職員 / 社長

3 -이/가 아닙니다

名詞を否定するかしこまった丁寧な表現です。疑問形は「-이/가 아닙니까?」になります。

子音終わりの名詞-이 아닙니다	~ではありません
母音終わりの名詞-가 아닙니다	

가수가 아닙니다. 배우입니다.　　歌手ではありません。俳優です。
중국 사람이 아닙니다.　　中国人ではありません。

練習3-A　次の（　）の中の正しい方に○をつけましょう。

例) 저{ 은 /(는)} 한국 사람{(이)/ 가 } 아닙니다.
　　私は韓国人ではありません。

1) 선생님(은 / 는) 일본 사람(이 / 가) 아닙니다.
　　先生は日本人ではありません。

2) 아버지(은 / 는) 의사(이 / 가) 아닙니다.
　　父は医者ではありません。

3) 로라 씨(은 / 는) 미국 사람(이 / 가) 아닙니다.
　　ローラさんはアメリカ人ではありません。

4) 진짜(이 / 가) 아닙니다.
　　本物ではありません。

練習3-B　例にならってペアで話してみましょう。

045

A : 한국 사람입니까?　韓国人ですか。
B : 아니요, 한국 사람이 아닙니다. 일본 사람입니다.
　　いいえ、韓国人ではありません。日本人です。

1) 학생　学生 / 선생님　先生
2) 이토 씨　伊藤さん / 미즈노 씨　水野さん
3) 가수　歌手 / 배우　俳優
4) 이름　名前 / 성　姓

❀ シナリオ・プレイ ❀

下線に自分で考えた語句を自由に入れて、話してみましょう。

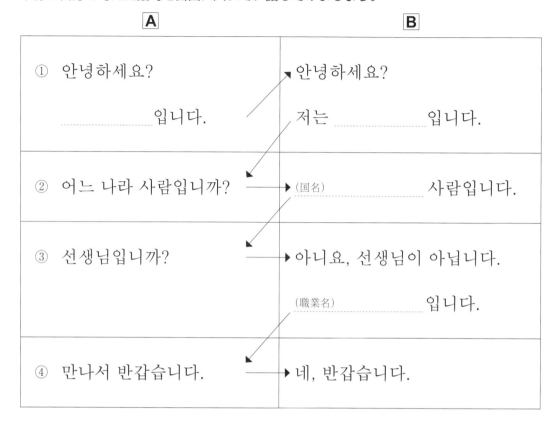

	A	**B**
①	안녕하세요?	안녕하세요?
	＿＿＿＿＿＿ 입니다.	저는 ＿＿＿＿＿ 입니다.
②	어느 나라 사람입니까?	(国名)＿＿＿＿＿ 사람입니다.
③	선생님입니까?	아니요, 선생님이 아닙니다.
		(職業名)＿＿＿＿＿ 입니다.
④	만나서 반갑습니다.	네, 반갑습니다.

❀ Listening ❀

会話をよく聞いて正しい答えをハングルで書いてみましょう。

046

1) 女性の職業は何ですか。

2) 女性はどこの国の人ですか。

자기소개 (自己紹介)

1. 次の例を参考にクラスのみんなの前で自己紹介をしてみましょう。

처음 뵙겠습니다.	はじめまして。
저는 이토 마키입니다.	私は 伊藤真樹 です。
일본 사람입니다.	日本人 です。
대학생입니다.	大学生 です。
만나서 반갑습니다.	お会いできてうれしいです。
잘 부탁합니다.	よろしくお願いします。

2. 韓国語の名刺を作って、友だちに自己紹介をしてみましょう。

♤레이와대학교 국제학과

이토 마키

Tel:010-552-4971

e-mail:ito-mk@kmail.com

📝 簡単な自己紹介を書いてみましょう。（5文以上）

....

....

....

....

....

나라 (国)

한국	일본	미국	캐나다
중국	영국	독일	프랑스
호주	러시아	베트남	태국

직업 (職業)

회사원	선생님	의사	학생
공무원	요리사	기자	가수
경찰	변호사	배우	통역사

❀ 確認練習 ❀

次の文を韓国語に訳してみましょう。

1) こんにちは。→
2) いいえ、日本人ではありません。→
3) お会いできて嬉しいです。→
4) はい、先生です。→
5) 大学生ですか。→

❀ ミニ辞書 ❀

학생	学生	어머니	母
일본	日本	이름	名前
사람	人	씨	～さん
선생님	先生	공무원	公務員
정말	本当	변호사	弁護士
대학생	大学生	의사	医者
가수	歌手	직원	職員
회사원	会社員	사장님	社長
친구	友だち	배우	俳優
어느	どの	아버지	父
나라	国	진짜	本物 / 本当
미국	アメリカ	성	姓
한국	韓国	-은/는	～は
중국	中国	네	はい
캐나다	カナダ	아니요/아뇨	いいえ
저	わたくし		

2 전화번호가 몇 번입니까?

電話番号は何番ですか。

047

大学の国際交流センターで（1 課の続き）

진우 : 마키 씨, 전화번호가 몇 번입니까?

마키 : _{공삼공 구칠이 팔오사사}
030-972-8544입니다.

진우 : 다시 한번 말해 주세요.

마키 : _{공삼공 구칠이 팔오사사}
030-972-8544입니다.

진우 : 네, 고맙습니다.

ジヌ：真樹さん、電話番号は何番ですか。
真樹：030-972-8544 です。
ジヌ：もう一度言ってください。
真樹：030-972-8544 です。
ジヌ：はい、ありがとうございます。

✿ 語彙と表現

048

씨 ～さん	전화번호 電話番号	―이/가 ～が
몇 번 何番	다시 한번 말해 주세요 もう一度言ってください	
고맙습니다 ありがとうございます		

🌸 ポイント学習 🌸

1 漢字語数詞 1 ～ 10

1	2	3	4	5
일	이	삼	사	오
6	7	8	9	10
육	칠	팔	구	십

※「0」は「영」です。電話番号などを言うときは「공」を使います。

※「6」の表記は母音の後では「륙」、それ以外では「육」となります。発音は語頭では「육」、母音や리の後は「륙」、それ以外は「뉵」となります。

練習 1 - A　　漢字語数詞を書いて言ってみましょう。

1) 7　…………　…………　…………　　2) 3　…………　…………　…………

3) 9　…………　…………　…………　　4) 5　…………　…………　…………

5) 4　…………　…………　…………　　6) 1　…………　…………　…………

7) 6　…………　…………　…………　　8) 10　…………　…………　…………

9) 2　…………　…………　…………　　10) 8

練習 1 - B　　次の電話番号を韓国語で言ってみましょう。

049

例) 010-515-6853 → 공일공 – 오일오 – 육팔오삼

1) 010-327-1464　　　　　　　2) 010-543-8920

3) 030-625-7418　　　　　　　4) 040-476-5229

2 −이/가

主語を表す助詞。前の名詞が子音で終わるとき（＝パッチム有り）は「−이」、母音で終わるとき（＝パッチム無し）は「−가」を使います。

子音終わりの名詞−이	～が
母音終わりの名詞−가	

고향이 서울입니다.   故郷がソウルです。
어머니가 한국 사람입니다.   母が韓国人です。

※日本語では疑問詞疑問文に「～が」は使いませんが、韓国語では疑問詞疑問文でも「−이/가」を使うことができます。

이름이 무엇입니까?   名前は何ですか。
취미가 무엇입니까?   趣味は何ですか。
전공이 무엇입니까?   専攻は何ですか。

練習2-A　次の（　）の中の正しい方に○をつけましょう。

例) 한국{ 이 / 가 }   韓国が

1) 핸드폰(이 / 가)   携帯電話が
2) 친구(이 / 가)   友だちが
3) 시간(이 / 가)   時間が
4) 우리(이 / 가)   私たちが

練習2-B　例にならって友だちに聞いてみましょう。

050

A : 취미{ 이 / 가 } 무엇입니까?   趣味は何ですか。
B : 여행입니다.   旅行です。

1) 취미 趣味 / 댄스 ダンス
2) 직업 職業 / 학생 学生
3) 이름 名前 / ....
4) 성 姓 / ....

3 몇

番号や数量を尋ねるときに使います。主に～번(番)、～개(個)、～명(名) など助数詞を付けて使います。

몇	何～

몇 번입니까?　何番ですか。
몇 개입니까?　何個ですか。
몇 명입니까?　何名ですか。

練習 3 - A　次の語句を韓国語で書いてみましょう。

例) 몇, 번　→　몇 번입니까?

1) 몇, 명　　→　..
2) 몇, 개　　→　..
3) 몇, 시간　→　..

練習 3 - B　例にならって学年を聞いてみましょう。　🎧 051

A : 몇 학년입니까?　何年生ですか。
B : 1 학년입니다.　1 年生です。
（일）

1) 1 학년　1 年生　　　　　　　2) 2 학년　2 年生
3) 3 학년　3 年生　　　　　　　4) 4 학년　4 年生

🌸 シナリオ・プレイ 🌸

下線に自分で考えた語句を自由に入れて、話してみましょう。

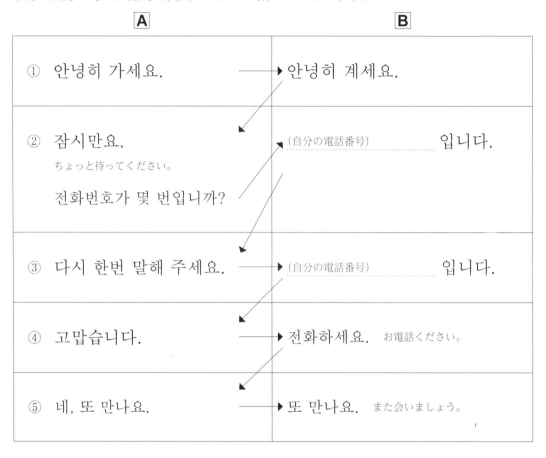

A	**B**
① 안녕히 가세요. ——→	안녕히 계세요.
② 잠시만요. ちょっと待ってください。 전화번호가 몇 번입니까?	(自分の電話番号) ＿＿＿＿＿＿＿＿ 입니다.
③ 다시 한번 말해 주세요. ——→	(自分の電話番号) ＿＿＿＿＿＿ 입니다.
④ 고맙습니다. ——→	전화하세요.　お電話ください。
⑤ 네, 또 만나요. ——→	또 만나요.　また会いましょう。

🌸 Listening 🌸

会話をよく聞いて正しい答えを書いてみましょう。

052

1) 女性と男性の趣味をそれぞれ線で結びましょう。

女性の趣味	男性の趣味

여행　　등산　　수영　　독서　　댄스

2) 女性と男性の電話番号を書きましょう。

女性の電話番号	男性の電話番号
010 - 373 - ＿＿＿＿	030 - ＿＿＿＿ - 3636

새 친구 (新しい友だち)

A : 이름이 무엇입니까?

B : 이토 마키입니다.

A : 취미가 무엇입니까?

B : 여행입니다.

A : 고향이 어디입니까?

B : 요코하마입니다.

A : 핸드폰 번호가 몇 번입니까?

B : 030-411-5892 입니다.

◆上の例のように友だちに聞いて表の空欄に書き込みましょう。

이름	취미	고향	핸드폰 번호

취미 (趣味)

여행	요리	독서	산책
쇼핑	등산	요가	피아노
테니스	검도	수영	댄스
게임	음악 듣기	영화 보기	사진 찍기

🌸 確認練習 🌸

次の文を韓国語に訳してみましょう。

1) 趣味は何ですか。→
2) 電話番号は 010-2644-5993 です。→
3) もう一度言ってください。→
4) 私は 1 年生です。→
5) ありがとうございます。→

🌸 ミニ辞書 🌸

일	1	수영	水泳
이	2	다시	また / 再び
삼	3	전화번호	電話番号
사	4	우편번호	郵便番号
오	5	몇	何〜
육	6	번	度 / 回
칠	7	개	個
팔	8	시간	時間
구	9	고향	故郷
십	10	서울	ソウル
영, 공	0	학년	〜年生
무엇	何	핸드폰	携帯電話
우리	私たち	전공	専攻
-이/가	〜が	직업	職業
취미	趣味	한번	一度 / 一回
여행	旅行	독서	読書
댄스	ダンス	등산	登山

3 오빠가 있습니다.

兄がいます。

カフェで

진우 : 마키 씨는 오빠가 있습니까?

마키 : 네, 있습니다.

오빠는 공무원입니다.

진우 : 동생도 있습니까?

마키 : 아니요, 동생은 없습니다.

ジヌ：真樹さんはお兄さんがいますか。

真樹：ええ、います。

兄は公務員です。

ジヌ：弟 / 妹さんもいますか。

真樹：いいえ、弟 / 妹はいません。

054

❖語彙と表現

오빠 兄 / お兄さん	있습니까? いますか	있습니다 います
공무원 公務員	동생 弟 / 妹	-도 〜も
없습니다 いません		

✿ ポイント学習 ✿

1 家族名称

진우의 가족 (ジヌの家族)

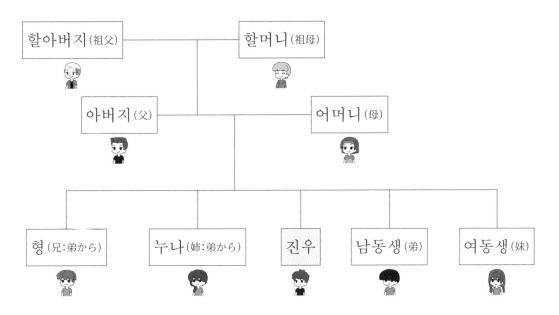

마키의 가족 (真樹の家族)

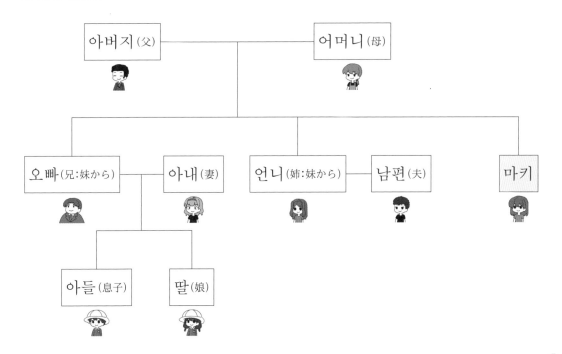

2 있습니다, 없습니다

韓国語では人や動物、物などの区別なく、「ある / いる」は「있다」、「ない / いない」は「없다」を使います。

있다	있습니다	있습니까?
ある / いる	あります / います	ありますか / いますか
없다	없습니다	없습니까?
ない / いない	ありません / いません	ありませんか / いませんか

누나가 **있습니다**.　　姉がいます。

컴퓨터가 **있습니다**.　コンピューターがあります。

練習２- A　　「있다」「없다」を丁寧な形に書いてみましょう。

例) 있다 ある / いる → **있습니다** あります / います

1) 없다 ない / いない → .... ありません / いません
2) 있다 ある / いる → .... ありますか / いますか
3) 없다 ない / いない → .... ありませんか / いませんか

練習２- B　　次の質問に対し、自分のことで「네」または「아니요」で答えてみましょう。

🎧
055

A : 컴퓨터{ 이 / 가 } 있습니까?　パソコンがありますか。

B : 네, 있습니다.　　　　　　はい、あります。

　　아니요, 없습니다.　　　いいえ、ありません。

1) 사전 辞書
2) 스마트폰 スマートフォン
3) 시간 時間
4) 남자(여자) 친구 彼氏 / 彼女

3 -도

すでに前で話したのと同じか、似たような内容を加えることを表します。

名詞－도	～も

다나카 씨는 일본 사람입니다. 사토 씨도 일본 사람입니다.

田中さんは日本人です。佐藤さんも日本人です。

친구는 노트북이 있습니다. 저도 있습니다.

友だちはノートパソコンがあります。私もあります。

練習 3 - A　下線部に「도」を入れて書いてみましょう。

例) 本もノートも　本 책 / ノート 공책 → <u>책도 공책도</u>

1) 英語も韓国語も　英語 영어　韓国語 한국어
→ ....

2) うどんもラーメンも　うどん 우동　ラーメン 라면
→ ....

3) 妹も弟も　妹 여동생　弟 남동생
→ ....

4) 子犬も猫も　子犬 강아지　猫 고양이
→ ....

練習 3 - B　例にならって友だちに聞いてみましょう。

🎧 056

A : 언니도 있습니까?　お姉さんもいますか。
B : 아니요, 언니{ 은 /는 } 없습니다.　いいえ、姉はいません。

1) 할머니 おばあさん
2) 동생 妹 / 弟
3) 한국어 사전 韓国語辞典
4) 노트북 ノートパソコン

🌸 シナリオ・プレイ 🌸

下線に自分で考えた語句を自由に入れて、話してみましょう。

A	**B**
① <u>(相手の名前)</u> 씨는 언니 / 누나가 있습니까?	→ 네, 있습니다.　　　→ ②へ 아니요, 없습니다. → ③へ
② 언니/누나도 대학생입니까?	→ 네, _____ 입니다. 아니요, _____ 입니다.
③ 동생이 있습니까?	→ 네, 있습니다. 아니요, 없습니다.
④ 강아지/고양이가 있습니까?	→ 네, 있습니다. 아니요, 없습니다.

🌸 Listening 🌸

会話をよく聞いて正しい答えを書いてみましょう。

057

1) 隆司さん家族の正しい絵はどれですか。

①

②

③

2) 隆司さんの学校にあるものをすべて選びましょう。

　　① 도서관　　　② 서점　　　③ 학생 식당

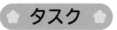 **タスク**

오빠가 있습니까? (お兄さんがいますか。)

例にならって家族について友だちに聞いてみましょう。

> A : ○○씨는 오빠가 있습니까?
>
> B : 네, 있습니다.
>
>   △△씨는 오빠가 있습니까?
>
> A : 아니요, 없습니다.

◆ チェックしましょう。　　　　　　　　　　　　　　　（いる : ○　いない : ×）

	나	씨	씨
할아버지			
할머니			
오빠/형			
언니/누나			
남동생			
여동생			
남자 (여자) 친구			
한국 친구			
강아지/고양이			

🌸 確認練習 🌸

次の文を韓国語に訳してみましょう。

1) 兄弟がいません。（兄弟：형제）→
2) 僕は姉と兄がいます。→
3) 私も弟がいません。→
4) 彼氏がいますか。→
5) うちの家族は父、母、弟、妹、そして私です。（そして：그리고）→

🌸 ミニ辞書 🌸

할아버지	祖父 / おじいさん		시간	時間
할머니	祖母 / おばあさん		남자 친구	彼氏
형	（弟から見て）兄 / お兄さん		여자 친구	彼女
누나	（弟から見て）姉 / お姉さん		-도	～も
남동생	弟		노트북	ノートパソコン
여동생	妹		책	本
오빠	（妹から見て）兄 / お兄さん		공책	ノート
언니	（妹から見て）姉 / お姉さん		영어	英語
아들	息子		한국어	韓国語
딸	娘		우동	うどん
남편	夫		라면	ラーメン
아내	妻		강아지	子犬
있다	ある / いる		고양이	猫
없다	ない / いない		도서관	図書館
컴퓨터	コンピューター		기숙사	寮
사전	辞典 / 辞書		학생 식당	学生食堂
스마트폰	スマートフォン			

❀ 疑問詞のまとめ ❀

いつ	どこ	誰	何	なぜ	どのように
언제	어디	누구	무엇	왜	어떻게

いくら	どのくらい
얼마	얼마나

疑問詞＋助詞

誰が	何が (口語)	誰を (口語)	何を (口語)	どこで (口語)
누가	무엇이 (뭐가)	누구를 (누굴)	무엇을 (뭘,뭐)	어디에서 (어디서)

後ろに名詞を伴う疑問詞

何の	どの	どんな	いくつ
무슨	어느	어떤	몇

【クイズ】次の疑問詞の中で□に入れられないのはどれですか。(　　　) に○、×を入れて
みましょう。

□□□□□입니까?

누구	언제	어디	무엇	왜	어떻게	얼마
(　)	(　)	(　)	(　)	(　)	(　)	(　)

4 여기가 어디입니까?

ここはどこですか。

教室で

진우 : 여기가 어디입니까?

마키 : 한국어(의) 교실입니다.

진우 : 오후에 수업이 있습니까?

마키 : 아니요, 없습니다.

진우 : 자리가 어디입니까?

마키 : 저기입니다.

ジヌ：ここはどこですか。
真樹：韓国語の教室です。
ジヌ：午後に授業がありますか。
真樹：いいえ、ありません。
ジヌ：席はどこですか。
真樹：あそこです。

❖ 語彙と表現

059

여기 ここ	어디 どこ	한국어(의) 교실 韓国語の教室
오후 午後	-에 ~に	수업 授業
자리 席	저기 あそこ	

❀ ポイント学習 ❀

1 이, 그, 저

		物	場所	人	方向
이 この	이것 これ		여기 ここ	이 사람 / 이분 この人 / この方	이쪽 こちら
그 その	그것 それ		거기 そこ	그 사람 / 그분 その人 / その方	그쪽 そちら
저 あの	저것 あれ		저기 あそこ	저 사람 / 저분 あの人 / あの方	저쪽 あちら
어느 どの	무엇 / 어느 것 何 / どれ		어디 どこ	누구 / 어느 분 誰 / どの方	어느 쪽 どちら

練習 1 - A　次を例のように変えて書いてみましょう。

例) 이것 これ　무엇 何 → 이것은 무엇입니까?

1) 저기 あそこ　어디 どこ　　　→ ＿＿＿＿＿＿＿＿＿＿입니까?
2) 그 사람 その人　누구 誰　　　→ ＿＿＿＿＿＿＿＿＿＿입니까?
3) 역 駅　이쪽 こちら　　　　　→ ＿＿＿＿＿＿＿＿＿＿입니다.
4) 이분 この方　다나카 씨 田中さん → ＿＿＿＿＿＿＿＿＿＿입니다.

練習 1 - B　例にならって言葉を入れ替えてみましょう。
060

A : 그것은 무엇입니까?　　それは何ですか。
B : 사전입니다.　　　　　辞書です。

1) 그것 それ / 시계 時計
2) 저것 あれ / 창문 窓
3) 이것 これ / 책상 机
4) 저것 あれ / 문 ドア

2 -의

助詞「-의」は「～の」にあたりますが、韓国語では省略される場合が多いです。

名詞-의	～の

이 책은 누구(의) 것입니까?　この本は誰のものですか。

—선생님(의) 책입니다.　　　—先生のものです。

「저」（私）の場合には短縮され、「저＋의→제」になります。

제 모자입니다.　　　　　　　私の帽子です。

練習2-A　次の語句を韓国語で書いてみましょう。

例）私たちの家　私たち 우리　家 집 → 우리 집

1) 韓国語の先生　韓国語 한국어　先生 선생님

→

2) 真樹さんの本　真樹さん 마키 씨　本 책

→

3) サークルの先輩　サークル 동아리　先輩 선배

→

4) 高校の友だち　高校 고등학교　友だち 친구

→

練習2-B　例にならって誰のものか聞いてみましょう。　061

A：이것은 누구 책입니까?　これは誰の本ですか。
B：마키 씨 책입니다.　　　真樹さんの本です。

1) 지갑 財布 / 진우 씨 ジヌさん
2) 교과서 教科書 / 선생님 先生
3) 우산 傘 / 아버지 お父さん
4) 안경 めがね / 미영 씨 ミヨンさん

3 　-에

「-에」は場所や時を表す日本語の「〜に」にあたる助詞です。

名詞-에	〜に

집에 있습니다. 　　　　　　　家にいます.

1 교시에 수업이 없습니다. 　1時限に授業がありません.

※時を表す「오전 (午前), 오후 (午後), 아침 (朝)」などにはつきますが、「어제 (昨日),
　오늘 (今日), 내일 (明日)」などにはつきません。

오전에 시간이 있습니다. 　午前に時間があります.

오늘 숙제가 없습니다. 　　　今日、宿題がありません.

練習３-A　　次の語句を韓国語で書いてみましょう。

例) 学校に	学校 학교 →	학교에
午前に	午前 오전 →	오전에

1) 집 家 → ....　　2) 공원 公園 → ....

3) 낮 昼 → ....　　4) 아침 朝 → ....

練習３-B　　教室や部屋に何があるか友だちに聞いてみましょう。

🎧
062

A: 교실에 칠판 { 이 / 가 } 있습니까? 　教室に黒板がありますか。

B: 네, 있습니다. 　　　　　　　　　　　はい、あります。

　　아니요, 없습니다. 　　　　　　　　いいえ、ありません。

1) 교실 教室 / 시계 時計　　　　　　2) 방 部屋 / 의자 イス

3) 교실 教室 / 거울 鏡　　　　　　　4) 방 部屋 / 창문 窓

シナリオ・プレイ

下線に自分で考えた語句を自由に入れて、話してみましょう。

A	**B**
① （写真を見ながら） ＿＿＿ 씨, 이 사람은 누구입니까?	제 한국 친구입니다.
② 한국 친구가 있습니까?	네, 많이 있습니다.
③ 이 강아지는 ＿＿＿ 씨 것입니까?	아니요, 친구 강아지입니다. 저는 강아지가 없습니다.
④ 강아지 이름이 무엇입니까?	＿＿＿＿＿＿＿ 입니다.

Listening

会話をよく聞いて正しい答えを書いてみましょう。

1) 次のうち、男性の所有物はどれですか。

①  ②   ③

2) スマートフォンは誰のものですか。

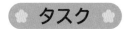

누구 것입니까? （誰のですか。）

身の回りのものを机の上に出して、例のように尋ね合ってみましょう。

A	: 이것은 무엇입니까?	これは何ですか。
B	: 손수건입니다.	ハンカチです。
A	: 누구 손수건입니까?	誰のハンカチですか。
B, C, D	: 다나카 씨 것입니다.	田中さんのです。

마키의 방 (真樹の部屋)

次の文を韓国語に訳してみましょう。

1) それは何ですか。→
2) これは私の本ではありません。→
3) ここは私たちの教室です。→
4) 私の傘はあれです。→
5) あの方は韓国語の先生です。→

ミニ辞書

교실	教室	우산	傘
수업	授業	오전	午前
자리	席	오후	午後
역	駅	아침	朝
시계	時計	어제	昨日
창문	窓	오늘	今日
책상	机	내일	明日
문	ドア	숙제	宿題
모자	帽子	학교	学校
집	家	공원	公園
동아리	サークル	낮	昼
선배	先輩	칠판	黒板
고등학교	高等学校	커튼	カーテン
지갑	財布	거울	鏡
교과서	教科書	의자	イス
안경	めがね	교시	～時限 / 時間目

5 운동을 합니까?

運動をしますか。

放課後、帰り道で

마키 : 주말에 보통 무엇을 합니까?

진우 : 운동을 합니다.

마키 : 무슨 운동을 합니까?

진우 : 태권도를 합니다.

마키 : 태권도는 재미있습니까?

진우 : 네, 아주 재미있습니다.

真樹：週末に普通何をしますか。
ジヌ：運動をします。
真樹：どんな運動をしますか。
ジヌ：テコンドーをします。
真樹：テコンドーはおもしろいですか。
ジヌ：はい、とてもおもしろいです。

❖ 語彙と表現

065

주말 週末	보통 普通 / 普段	무엇 何
-을/를 ～を	합니까? しますか	운동 運動
합니다 します	무슨 どんな	태권도 テコンドー
재미있습니까? おもしろいですか		아주 とても
재미있습니다 おもしろいです		

🌸 ポイント学習 🌸

1 語幹

韓国語の動詞・形容詞の基本形はすべて－다で終わります。この－다を取った残りの部分を**語幹**といいます。例えば、次の□が語幹です。

먹다 食べる　　바쁘다 忙しい　　공부하다 勉強する
↑　　　　　　↑　　　　　　↑
語幹　　　　　語幹　　　　　語幹

2 합니다体

합니다体は、日本語の「～です・ます形」に相当する丁寧な表現です。かしこまった場面で用います。

子音終わりの語幹－**습니다**	～です / ～ます
母音終わりの語幹－**ㅂ니다**	

子音終わりの語幹－**습니까?**	～ですか / ～ますか
母音終わりの語幹－**ㅂ니까?**	

자주 듣습니다.　よく聞きます。
가끔 봅니다.　　たまに見ます。

아주 좋습니다.　とても良いです。
정말 예쁩니다.　本当にきれいです。

練習２-A　次の表を完成させましょう。

基本形	意味	語幹	합니다体	
			平叙形	疑問形
例) 가다	行く	가-	갑니다	갑니까?
例) 먹다	食べる	먹-	먹습니다	먹습니까?
자다	寝る			
듣다	聞く			
공부하다	勉強する			
읽다	読む			
보다	見る			
크다	大きい			
작다	小さい			
예쁘다	きれいだ			
맛있다	おいしい			

練習２-B　例にならって感想を聞いてみましょう。

🎧 066

> A : 이 노래 어떻습니까?　　この歌、どうですか。
> B : 정말 좋습니다.　　　　本当にいいです。

1) 음식　料理 / 맛있다　おいしい
2) 드라마　ドラマ / 재미있다　面白い
3) 방　部屋 / 크다　大きい
4) 배우　俳優 / 예쁘다　きれいだ

무궁화（むくげの花）

3 -을/를

子音終わりの名詞-을	～を
母音終わりの名詞-를	

밥을 먹습니다.　　　ごはんを食べます。

고기를 먹습니다.　　肉を食べます。

※「～に会う」は「-을/를 만나다」、「～が好きだ / 嫌いだ」は「-을/를 좋아하다 / 싫어하다」になり、日本語と対応しないので気をつけましょう。

선생님을 만납니다.　　先生に会います。

친구를 만납니다.　　友だちに会います。

냉면을 좋아합니다.　冷麺が好きです。

김치를 좋아합니다.　キムチが好きです。

練習 3 - A　　次の（　）の中の正しい方に○をつけましょう。

例) 사과{ 을 /(를)} 먹습니다.　りんごを食べます。

1) 물(을 / 를) 마십니다.　　　　　水を飲みます。

2) 책(을 / 를) 읽습니다.　　　　　本を読みます。

3) 한국어(을 / 를) 공부합니다.　韓国語を勉強します。

4) 케이크(을 / 를) 좋아합니다.　ケーキが好きです。

練習 3 - B　　例にならって週末に何をするか聞いてみましょう。

067

A : 주말에 무엇을 합니까?　週末に何をしますか。

B : 영화{ 을 /(를)} 봅니다.　映画を見ます。

1) 음악 音楽 / 듣다 聞く

2) 친구 友だち / 만나다 会う

3) 책 本 / 읽다 読む

4) 아르바이트 アルバイト / 하다 する

シナリオ・プレイ

下線に自分で考えた語句を自由に入れて、話してみましょう。

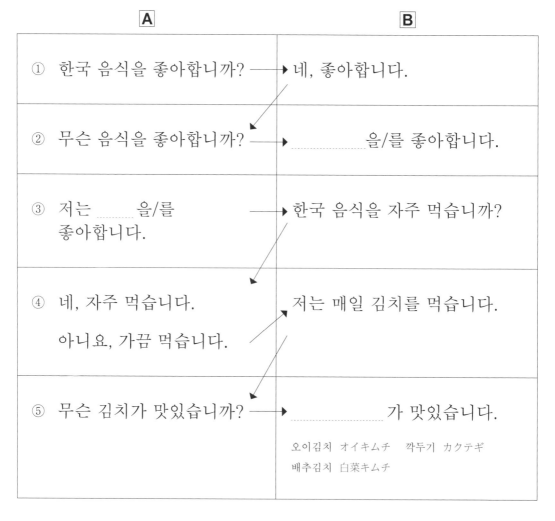

A	B
① 한국 음식을 좋아합니까?	네, 좋아합니다.
② 무슨 음식을 좋아합니까?	_____ 을/를 좋아합니다.
③ 저는 _____ 을/를 좋아합니다.	한국 음식을 자주 먹습니까?
④ 네, 자주 먹습니다. 아니요, 가끔 먹습니다.	저는 매일 김치를 먹습니다.
⑤ 무슨 김치가 맛있습니까?	_____ 가 맛있습니다. 오이김치 オイキムチ　깍두기 カクテギ 배추김치 白菜キムチ

Listening

会話をよく聞いて内容と合う絵に番号を書いてみましょう。

068

　　（　　）　　　　　　（　　）　　　　　　（　　）

✿ タスク ✿

매일? 자주? 가끔? (毎日?よく?たまに?)

下の単語を参考にし、友だちに聞いてみましょう。

A : ○○ 씨는 음악을 듣습니까?

B : 네, 듣습니다.

A : 무슨 음악을 듣습니까?

B : 재즈하고 K-POP(케이팝)을 듣습니다.

A : 자주 듣습니까?

B : 네, 매일 듣습니다.

◆ ワークシート

	무슨 どんな / 何の	매일? 자주? 가끔?
영화 映画		
음악 音楽		
운동 運動		
책 本		
차 茶		

한국 영화 韓国映画	일본 영화 日本映画	할리우드 영화 ハリウッド映画
애니메이션 アニメーション	공포 영화 ホラー映画	코미디 영화 コメディ
클래식 クラシック	가요 歌謡	재즈 ジャズ
힙합 ヒップホップ	야구 野球	축구 サッカー
배구 バレーボール	스키 スキー	소설 小説
만화 漫画	수필 随筆	시 詩
커피 コーヒー	홍차 紅茶	녹차 緑茶
유자차 ゆず茶		

動詞

일어나다	자다	먹다
살다	보다	쓰다
읽다	공부하다	만나다
사다	노래하다	말하다
오다	가다	쉬다
듣다	마시다	일하다
운동하다	춤추다	헤어지다

次の文を韓国語に訳してみましょう。

1) 週末に友だちに会います。→
2) どんな本を読みますか。→
3) このキムチがおいしいです。→
4) 旅行と登山が好きです。→
5) 毎日韓国語を勉強しますか。→

🌸 ミニ辞書 🌸

하다	する	밥	ごはん
재미있다	面白い	고기	肉
먹다	食べる	만나다	会う
바쁘다	忙しい	좋아하다	好きだ
공부하다	勉強する	싫어하다	嫌いだ
가다	行く	냉면	冷麺
자다	寝る	김치	キムチ
듣다	聞く	사과	りんご
읽다	読む	케이크	ケーキ
크다	大きい	영화	映画
작다	小さい	보다	見る
예쁘다	きれいだ / かわいい	음악	音楽
맛있다	おいしい	아르바이트	アルバイト
노래	歌	자주	よく / しばしば / 度々
좋다	良い	가끔	たまに
음식	料理 / 食べ物	매일	毎日
드라마	ドラマ		

생일이 언제예요?

誕生日はいつですか。

069

カフェで

마키 : 진우 씨, 생일이 언제예요?

진우 : 6 월 20 일이에요.
　　　　유　　이십

마키 : 어, 저도 6 월이에요.
　　　　　　유

진우 : 정말이요? 며칠이에요?

마키 : 저는 6 월 7 일이에요.
　　　　　　　유　칠

真樹：ジヌさん、誕生日はいつですか。

ジヌ：6月20日です。

真樹：あ、私も6月です。

ジヌ：本当ですか。何日ですか。

真樹：私は6月7日です。

❖ 語彙と表現

070

생일 誕生日	언제예요? いつですか	6[유] 월 6月
20[이십] 일 20日	어 あ	정말이요? 本当ですか
며칠이에요? 何日ですか	7[칠] 일 7日	

🌸 ポイント学習 🌸

1 년, 월, 일, 요일

몇 년 何年

이천십 년	2010 년	이천이십 년	2020 년
천구백팔십팔 년	1988 년	천구백구십일 년	1991 년

* 10: 십   100: 백   1000: 천

몇 월 何月

1 월	2 월	3 월	4 월	5 월	6 월
일월	이월	삼월	사월	오월	유월
7 월	8 월	9 월	10 월	11 월	12 월
칠월	팔월	구월	시월	십일월	십이월

며칠 何日

1 일	2 일	3 일	4 일	5 일	6 일	7 일	8 일	9 일	10 일
일 일	이 일	삼 일	사 일	오 일	육 일	칠 일	팔 일	구 일	십 일
11 일	12 일	13 일	14 일	15 일	16 일	17 일	18 일	19 일	20 일
십일 일	십이 일	십삼 일	십사 일	십오 일	십육 일	십칠 일	십팔 일	십구 일	이십 일
21 일	22 일	23 일	24 일	25 일	26 일	27 일	28 일	29 일	30 일
이십일 일	이십이 일	이십삼 일	이십사 일	이십오 일	이십육 일	이십칠 일	이십팔 일	이십구 일	삼십 일
31 일									
삼십일 일									

무슨 요일 何曜日

月曜日	火曜日	水曜日	木曜日	金曜日	土曜日	日曜日
월요일	화요일	수요일	목요일	금요일	토요일	일요일

練習1-A　次を韓国語で言ってみましょう。

例) 5月8日 → 오월 팔 일

1) 7月24日 → _____ 2) 10月30日 → _____
3) 2006年 → _____ 4) 12月6日火曜日 → _____
5) 2024年 → _____ 6) 2025年5月22日 → _____

練習1-B　例にならって何曜日か聞いてみましょう。

071

A : 오늘{ (은)/ 는 } 무슨 요일이에요?　今日は何曜日ですか。
B : 금요일이에요.　　　　　　　　　　　金曜日です。

1) 크리스마스 クリスマス / 토요일　土曜日
2) 설날 旧正月 / 수요일　水曜日
3) 마키 씨 생일 真樹さんの誕生日 / 목요일　木曜日
4) 11월 1일 11月1日 / 월요일　月曜日

2　名詞 −이에요/예요

うちとけた場で使う丁寧な表現です。疑問文は語尾を上げます。

子音終わりの名詞−이에요(?)	〜です(か)
母音終わりの名詞−예요(?)	

※ −예요は /에요/ と発音します。

가방이에요.　カバンです。　　　　　친구예요.　友だちです。

練習2-A　次の（　）の中の正しい方に○をつけましょう。

例) 저는 일본 사람{ (이에요)/ 예요 }.　私は日本人です。

1) 대학생(이에요 / 예요).　　　　　大学生です。
2) 무슨 요일(이에요?/ 예요?).　　　何曜日ですか。
3) 제 취미는 독서(이에요 / 예요).　私の趣味は読書です。
4) 이분은 누구(이에요?/ 예요?).　　この方は誰ですか。

3 名詞 -이/가 아니에요

うちとけた場で使う丁寧な表現です。疑問文は語尾を上げます。

子音終わりの名詞-이 아니에요(?)	~じゃないです(か)
母音終わりの名詞-가 아니에요(?)	

선생님이 아니에요. 先生じゃないです。
학생이 아니에요? 学生じゃないんですか。
치마가 아니에요. スカートじゃないです。
남자가 아니에요? 男子じゃないんですか。

練習３-A 次の（ ）の中の正しい方に○をつけましょう。

例) 저는 일본 사람{이/ 가 } 아니에요. 私は日本人ではありません。

1) 선생님(이 / 가) 아니에요. 先生じゃないです。
2) 저는 영국 사람(이 / 가) 아니에요. 私はイギリス人じゃないです。
3) 이건 숙제(이 / 가) 아니에요? これは宿題ではないんですか。
4) 고향이 서울(이 / 가) 아니에요? 故郷はソウルではないんですか。

練習３-B 例にならって友だちに聞いてみましょう。 072

A: 이건 책{이에요/ 예요 }? これは本ですか。
B: 책{이/ 가 } 아니에요. 공책{이에요/ 예요 }. 本ではありません。ノートです。

※이건 (←이것은)

1) 그건 それは / 자전거 自転車 / 오토바이 オートバイ
2) 이건 これは / 지우개 消しゴム / 사탕 キャンディー
3) 저건 あれは / 가게 店 / 집 家
4) 그건 それは / 치마 スカート / 바지 ズボン

❀ シナリオ・プレイ ❀

下線に自分で考えた語句を自由に入れて、話してみましょう。

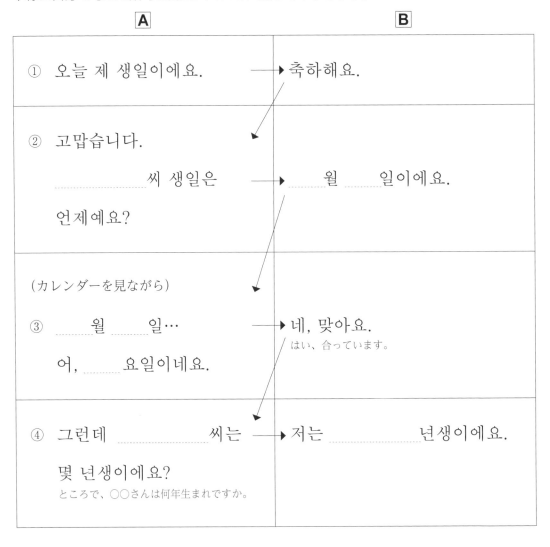

	A	**B**
①	오늘 제 생일이에요.	→ 축하해요.
②	고맙습니다. ＿＿＿＿＿ 씨 생일은 언제예요?	→ → ＿＿ 월 ＿＿ 일이에요.
③	（カレンダーを見ながら） ＿＿ 월 ＿＿ 일… 어, ＿＿＿ 요일이네요.	→ → 네, 맞아요. はい、合っています。
④	그런데 ＿＿＿＿＿ 씨는 몇 년생이에요? ところで、○○さんは何年生まれですか。	→ 저는 ＿＿＿＿＿ 년생이에요.

❀ Listening ❀

会話をよく聞いて適した日付を書いてみましょう。

073

1) 오늘은 ＿＿ 월 ＿＿ 일이에요.

2) 한국어 시험은 ＿＿ 월 ＿＿ 일이에요.

3) 여자의 생일은 ＿＿ 월 ＿＿ 일이에요.

생일이 언제예요? （誕生日はいつですか。）

友だちに次の質問をしてみましょう。

	나	○○씨
① 생일이 언제예요?		
② 생일은 무슨 요일이에요?		
③ 몇 년생이에요?		
④ 알바는 언제예요?		
⑤ 한국어 시험이 내일이에요?		
⑥-1 몇 월 며칠을 가장 좋아합니까?		
⑥-2 그날은 무슨 날이에요?		

時を表す名詞

그저께 おととい	어제 昨日	오늘 今日	내일 明日	모레 あさって	매일 毎日
지지난 주 先々週	지난주 先週	이번 주 今週	다음 주 来週	다다음 주 再来週	매주 毎週
지지난 달 先々月	지난달 先月	이번 달 (이달) 今月	다음 달 来月	다다음 달 再来月	매달 毎月
재작년 一昨年	작년 昨年	올해 今年	내년 来年	후년 (내후년) 再来年	매년 毎年

← 과거 （過去） ——— 현재 （現在） ——— 미래 （未来） →

確認練習

次の文を韓国語に訳してみましょう。

1) 私の誕生日は 10 月 28 日です。→
2) 今日は土曜日じゃないです。→
3) 今年の秋夕は何月何日ですか。→
4) 試験は来週火曜日です。→
5) 今年の旧正月はいつですか。→

ミニ辞書

언제	いつ	지우개	消しゴム
년	～年	사탕	キャンディー
월	～月	가게	店
일	～日	치마	スカート
요일	～曜日	바지	ズボン
월요일	月曜日	시험	試験
화요일	火曜日	남자	男子
수요일	水曜日	여자	女子
목요일	木曜日	알바	バイト
금요일	金曜日	며칠	何日
토요일	土曜日	그날	その日
일요일	日曜日	무슨 날	何の日 / どんな日
크리스마스	クリスマス	설날	旧正月
자전거	自転車	추석	秋夕
오토바이	オートバイ	－생	～生まれ

한국의 공휴일 (韓国の公休日)

1月1日	신정 (新正月)	8月15日	광복절 (光復節)
1月1日 (旧暦)	설날 (旧正月)	8月15日 (旧暦)	추석 (秋夕)
3月1日	삼일절 (三一節)	10月3日	개천절 (開天節)
5月5日	어린이날 (こどもの日)	10月9日	한글날 (ハングルの日)
4月8日 (旧暦)	부처님 오신 날 (お釈迦様の誕生日)	12月25日	크리스마스 (クリスマス)
6月6日	현충일 (顕忠日)	※ (旧暦) と書かれたもの以外はすべて新暦の日付	

＊2024年現在

5월은 가정의 달!
(5月は家庭の月！)

5월 5일 어린이날 (こどもの日)

5월 8일 어버이날 (両親の日)

5월 15일 스승의 날 (先生の日)

7 도서관에 있어요.

図書館にいます。

初めて訪れたソウルで

마키 : 저, 말씀 좀 묻겠습니다.

　　　 이 근처에 편의점 있어요?

행인 : 이 길을 똑바로 가면 버스 타는 곳이 있어요.

　　　 그 앞 건물이에요.

마키 : 감사합니다.

真樹　　：あの～、ちょっとうかがいたいんですが。
　　　　　この近くにコンビニ、ありますか。
通行人：この道をまっすぐ行くとバス乗り場があります。
　　　　　その前の建物です。
真樹　　：ありがとうございます。

❤ 語彙と表現

저 あの～	말씀 좀 묻겠습니다 ちょっとうかがいたいんですが	
근처 近所/近く	편의점 コンビニ	있어요? ありますか
길 道	똑바로 まっすぐ	가다 行く
-(으)면 ~と	버스 타는 곳 バス乗り場	
있어요 あります	앞 前	건물 建物

🌸 ポイント学習 🌸

1 位置表現

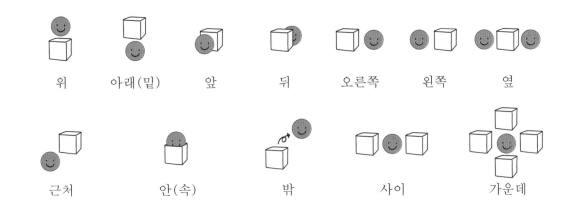

위	아래(밑)	앞	뒤	오른쪽	왼쪽	옆

근처	안(속)	밖	사이	가운데

※位置を表すとき、普通「책상 위 (机の上)」「문 앞 (ドアの前)」のように助詞「의」を
　入れませんので、気をつけましょう。

練習 1 - A　次の下線部に適当な語を入れて言ってみましょう。

例) 학교 앞에　　学校の前に

1) 도서관 _____ 에　図書館の後ろに
2) 편의점 _____ 에　コンビニの横に
3) 우체국 _____ 에　郵便局の右側に
4) 교실 _____ 에　教室の外に

練習 1 - B　例にならって位置を説明してみましょう。

🎧 076

> A : 이 근처에 편의점{이}/ 가 } 있어요?　この近くにコンビニがありますか。
> B : 네, 역 앞에 있어요.　はい、駅の前にあります。

1) 은행 銀行 / 백화점 옆 デパートの隣
2) 빵집 パン屋 / 서점과 미용실 사이 書店と美容院の間
3) 카페 カフェ / 편의점 왼쪽 コンビニの左側
4) 화장실 トイレ / 역 밖 駅の外

2 있어요, 없어요

存在の有無を表す「있다, 없다」の、うちとけた場で使う丁寧な表現です。疑問文は文末
を上げます。

있다 ある / いる	있어요 あります / います	있어요? ありますか / いますか
없다 ない / いない	없어요 ありません / いません	없어요? ありませんか / いませんか

練習2-A　次を例のように変えて言ってみましょう。

例) 고양이 猫　있다 いる → 고양이가 있어요.

1) 물 水　없다 ない 　　　→ ....
2) 숙제 宿題　있다 ある 　→ ....
3) 알바 バイト　있다 いる 　→ ....
4) 형제 兄弟　없다 いない 　→ ....

練習2-B　例にならって位置を聞いてみましょう。　　　🎧 077

A: 열쇠{ 이 / 가 } 어디에 있어요?　鍵がどこにありますか。
B: 컴퓨터 왼쪽에 있어요.　　　　　コンピューターの左側にあります。

1) 우산 傘 / 문 ドア / 뒤 後ろ
2) 수첩 手帳 / 교과서 教科書 / 위 上
3) 가위 はさみ / 책상 서랍 机の引き出し / 안 中
4) 마키 씨 真樹さん / 선생님 先生 / 앞 前

3　-(으)면

条件・仮定を表す連結語尾です。

子音終わりの語幹 – 으면	~と / ~ば / ~たら
母音終わりの語幹 – 면	

만약 지금 10 억 원이 있으면?　もし今、10億ウォンがあったら？
비가 오면 파전을 먹습니다.　　雨が降るとネギチヂミを食べます。

※語幹末のパッチムが ㄹ の場合は「-으-」が付かないことに気をつけましょう。

먹다 食べる	가다 行く	놀다 遊ぶ
먹으면	**가면**	**놀면**
食べると / 食べれば / 食べたら	行くと / 行けば / 行ったら	遊ぶと / 遊べば / 遊んだら

練習３-Ａ　　次の語句を韓国語で書いてみましょう。

例) 날씨가 좋다　天気がいい → 날씨가 좋으면

1) 시간이 없다　　時間がない　→
2) 배가 고프다　　おなかがすく　→
3) 점심을 먹다　　昼食を食べる　→
4) 친구를 만나다　友だちに会う　→

練習３-Ｂ　　例にならって言葉を入れ替えてみましょう。

078

A : 기분이 좋으면 무엇을 합니까?

　気分がよかったら何をしますか。

B : 저는 기분이 좋으면 노래를 부릅니다.

　私は気分がよかったら歌を歌います。

1) 기분이 나쁘다 気分が悪い / 술을 마시다 お酒を飲む
2) 시간이 많다 時間が多い / 한국 드라마를 보다 韓国ドラマを見る
3) 고향에 돌아가다 故郷に帰る / 푹 쉬다 ゆっくり休む
4) 밤에 잠이 안 오다 夜眠れない / 책을 읽다 本を読む

🌸 シナリオ・プレイ 🌸

下線に自分で考えた語句を自由に入れて、話してみましょう。

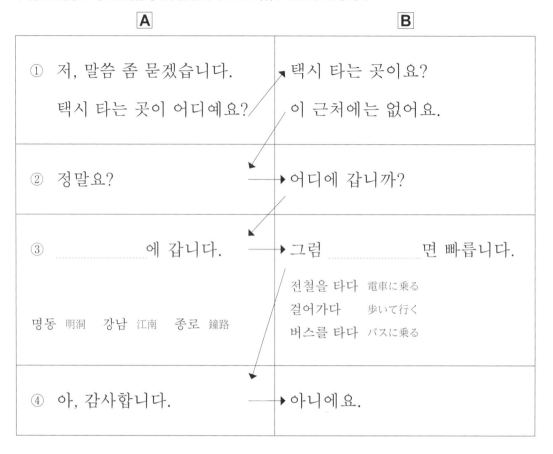

A	B
① 저, 말씀 좀 묻겠습니다. 택시 타는 곳이 어디예요?	택시 타는 곳이요? 이 근처에는 없어요.
② 정말요?	어디에 갑니까?
③ _____ 에 갑니다. 명동 明洞 강남 江南 종로 鐘路	그럼 _____ 면 빠릅니다. 전철을 타다 電車に乗る 걸어가다 歩いて行く 버스를 타다 バスに乗る
④ 아, 감사합니다.	아니에요.

🌸 Listening 🌸

会話をよく聞いて絵を描いてみましょう。

079

나는 피카소 私はピカソ

침대 ベッド 자동차 自動車 사과 りんご 나무 木

90

탁자 위에 있어요. （テーブルの上にあります。）

友だちとお互いに尋ね合ってみましょう。

＊ソファー：소파

A : 시계가 어디에 있어요?

B : 탁자 위에 있어요.

A		B	
모자	신문	가방	학생증
우산	책	안경	양말
핸드폰		공책	

次の文を韓国語に訳してみましょう。

1) 机の上に本がありません。→
2) キム先生は教室の中にいます。→
3) カバンの中に財布と本があります。→
4) この道をまっすぐ行くと公園があります。→
5) もし週末に雨が降ったら何をしますか。→

🌸 ミニ辞書 🌸

위	上	열쇠	鍵
아래	下	수첩	手帳
앞	前	가위	ハサミ
뒤	後ろ	책상	机
오른쪽	右側	서랍	引き出し
왼쪽	左側	만약	もし
옆	隣 / そば / 横	지금	今
안	中	비가 오다	雨が降る
밖	外	날씨	天気
속	中	기분	気分
가운데	真ん中	나쁘다	悪い
사이	間	많다	多い
근처	近く	돌아가다	帰る
우체국	郵便局	푹	ゆっくり
은행	銀行	빠르다	早い / 速い
백화점	百貨店 / デパート	탁자	テーブル
빵집	パン屋	모자	帽子
서점	書店	신문	新聞
미용실	美容院	학생증	学生証
카페	カフェ	양말	靴下
화장실	化粧室 / トイレ		

いろいろな場所

은행	서점	식당	시장
세탁소	병원	극장 / 영화관	백화점
학교	빵집	우체국	회사
호텔	도서관	커피숍 / 카페	경찰서
미용실	공원	방	주유소

8 고기를 먹지 않아요.

肉を食べません。

学生ホールで

마키 : 동물이에요?

진우 : 네, 동물이에요.

마키 : 고기를 먹어요?

진우 : 아뇨, 먹지 않아요.

마키 : 목이 길어요?

진우 : 네, 길어요.

마키 : 기린!!

진우 : 딩동댕. 네, 맞아요.

真樹 : 動物ですか。

ジヌ : はい、動物です。

真樹 : 肉を食べますか。

ジヌ : いいえ、食べません。

真樹 : 首が長いですか。

ジヌ : はい、長いです。

真樹 : キリン!!

ジヌ : ピンポン、はい、そうです。

♣ 語彙と表現

081

동물 動物	고기 肉	먹다 食べる	-지 않다 ～ない
목 首	길다 長い	기린 キリン	딩동댕 ピンポン
맞다 合う / 正しい			

🌸 ポイント学習 🌸

1 해요体

非格式で柔らかい丁寧な表現です。平叙文・疑問文・命令文・勧誘文すべて同じ形ですが、疑問文の場合は文末を上げます。

1-1 子音語幹の動詞・形容詞

語幹末の母音	活用語尾	해요体
ㅏ, ㅗ, ㅑ	-아요	살- 住む + -아요 → 살아요
ㅏ, ㅗ, ㅑ 以外	-어요	먹- 食べる + -어요 → 먹어요

練習 1-1-A 次の表を完成させましょう。

基本形 意味	해요体	基本形 意味	해요体
먹다 食べる		좋다 よい	
읽다 読む		맛있다 おいしい	
살다 住む、暮らす		작다 小さい	
많다 多い		길다 長い	

1-2 母音語幹の動詞・形容詞

基本形 意味	語幹	해요体
가다 行く	가- + -아요 → 가요	語幹がㅏ, ㅓ, ㅐ, ㅔで終わる場合、語幹に-요を付ける。
서다 立つ	서- + -어요 → 서요	
내다 出す	내- + -어요 → 내요	
세다 数える	세- + -어요 → 세요	
오다 来る	오- + -아요 → 와요	語幹がㅗ, ㅜで終わる場合、縮まって ㅘ요, ㅝ요になる。
주다 与える	주- + -어요 → 줘요	
마시다 飲む	마시- + -어요 → 마셔요	語幹がㅣで終わる場合、縮まって ㅕ요になる。
하다 する	하- + -여요 → 해요	語幹が하-で終わる場合、해요となる。

基本形 意味		해요体	基本形 意味		해요体
사다	買う		보다	見る	
자다	寝る		쉬다	休む	
일하다	働く		공부하다	勉強する	
만나다	会う		비싸다	(値段が)高い	
기다리다	待つ		좋아하다	好きだ	

練習 1 - B　例にならって今、何をしているか聞いてみましょう。　082

A : 지금 뭐 해요?　　　今、何をしていますか。
B : 커피{ 을 /를} 마셔요.　コーヒーを飲んでいます。

1) 텔레비전 テレビ / 보다 見る　　　2) 밥 ごはん / 먹다 食べる

3) 책 本 / 읽다 読む　　　　　　　4) 숙제 宿題 / 하다 する

2　안 ~ （否定表現①）

안 動詞・形容詞	~ない

안 + 먹다 → 안 먹어요　食べません

　　　　　 → 안 먹습니다　食べません

※名詞と하다が結びついた動詞の場合には間に안を入れますが、それ以外の하다動詞や形容詞の場合には前に안を付けます。

공부해요 勉強します　→　공부 안 해요 勉強しません

통해요　通じます　　→　안 통해요　通じません

練習 2 - A　例のように否定文を作ってみましょう。

例) 먹다 食べる → ① 안 먹어요 / ② 안 먹습니다 食べません

1) 일어나다 起きる　→ ①　　　　　　　　　 ②

2) 자다　　　寝る　→ ①　　　　　　　　　 ②

3) 좋아하다 好きだ　→ ①　　　　　　　　　 ②

4) 청소하다 掃除する → ①　　　　　　　　　 ②

練習 2 - B　例にならって感想を聞いてみましょう。

> A : 옷 { 이 / 가 } 작아요?　服が小さいですか。
> B : 아뇨, 별로 안 작아요.　いいえ、あまり小さくないです。

1) 집 家 / 멀다 遠い
2) 유학 생활 留学生活 / 힘들다 大変だ
3) 에어컨 エアコン / 시원하다 涼しい
4) 손님 お客さん / 많다 多い

3 　-지 않다 (否定表現②)

動詞・形容詞の語幹-지 않다	～ない

먹- + -지 않다 → 먹지 않아요　食べません
　　　　　　　　먹지 않습니다　食べません

練習 3 - A　例のように否定文を作ってみましょう。

> 例) 먹다 食べる → ① 먹지 않습니다 / ② 먹지 않아요 食べません

1) 만나다　　会う　　→ ①　　　　　　　②
2) 보다　　　見る　　→ ①　　　　　　　②
3) 예쁘다　　きれいだ → ①　　　　　　②
4) 공부하다　勉強する → ①　　　　　　②

練習 3 - B　次の質問に「네」あるいは「아뇨」で答えてみましょう。

> A : 자주 백화점에 가요?　よくデパートに行きますか。
> B : 네, 가요.　はい、行きます。
> 　　아뇨, 가지 않아요.　いいえ、行かないです。

1) 아침에 커피를 마셔요?　　　　朝、コーヒーを飲みますか。
2) 매일 한국어를 공부해요?　　　毎日韓国語を勉強しますか。
3) 주말에 영화를 봐요?　　　　　週末に映画を見ますか。
4) 크리스마스에 파티를 해요?　　クリスマスにパーティーをしますか。
5) 이번 주말에 집에 있어요?　　　今週末に家にいますか。
6) 한국 음식을 좋아해요?　　　　韓国料理が好きですか。

❀ シナリオ・プレイ ❀

下線に自分で考えた語句を自由に入れて、話してみましょう。

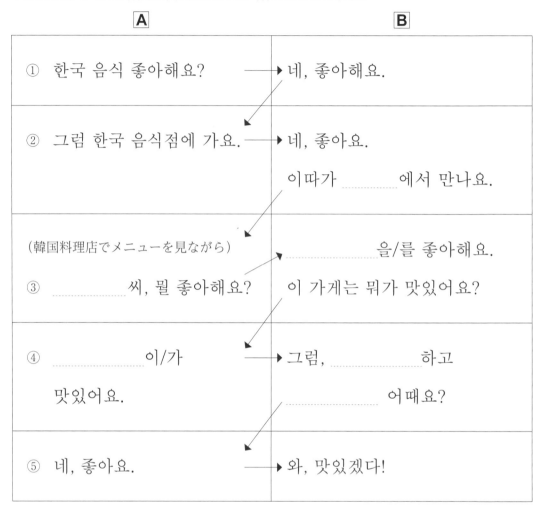

	A	B
①	한국 음식 좋아해요?	네, 좋아해요.
②	그럼 한국 음식점에 가요.	네, 좋아요. 이따가 _____ 에서 만나요.
③	(韓国料理店でメニューを見ながら) _____ 씨, 뭘 좋아해요?	_____ 을/를 좋아해요. 이 가게는 뭐가 맛있어요?
④	_____ 이/가 맛있어요.	그럼, _____ 하고 _____ 어때요?
⑤	네, 좋아요.	와, 맛있겠다!

❀ Listening ❀

会話をよく聞いて土曜日午後に女性は何をしたか選びましょう。

085

①
②
③

스무고개 (二十の扉)

ペアまたはグループを作ります。一人が心の中で以下の絵の中から一つを選び、ほかの人が質問をしてそれを当ててみましょう。（ただし、質問は「네」「아뇨」で答えられるものに限ります）

집	시계	토끼	강아지	딸기

사자	돈	선생님	사과	가수

쥐	꽃	핸드폰	자동차	새

例) 커요?   大きいですか。

음식이에요?   食べ物ですか。

사람이에요?   人間ですか。

귀여워요?   かわいいですか。

집에 있어요?   家にいますか／ありますか。

매일 사용해요?   毎日使いますか。

무거워요?   重いですか。

🌸 確認練習 🌸

次の文を韓国語に訳してみましょう。（해요체で）

1) ズボンがちょっと小さいです。→
2) 本をあまり読みません。→
3) 毎朝コーヒーを飲みます。→
4) 週末に友だちと映画を見ます。→
5) 市場の服は高くないです。（市場：시장）→

🌸 ミニ辞書 🌸

살다	住む / 暮らす	유학 생활	留学生活
많다	多い	힘들다	大変だ
서다	立つ	에어컨	エアコン
내다	出す	시원하다	涼しい
세다	数える	손님	お客さん
주다	与える	음식점	飲食店
사다	買う	이따가	後で
일하다	仕事する / 働く	토끼	ウサギ
기다리다	待つ	딸기	いちご
쉬다	休む	사자	ライオン
비싸다	(値段が) 高い	돈	お金
텔레비전	テレビ	쥐	ネズミ
일어나다	起きる	꽃	花
청소하다	掃除する	자동차	自動車
옷	服	새	鳥
멀다	遠い		

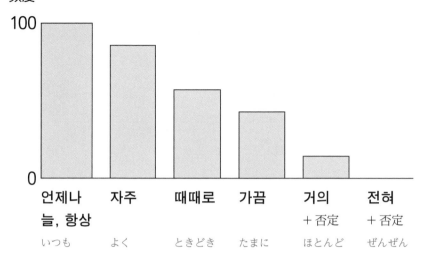

頻度

100

0

언제나	자주	때때로	가끔	거의	전혀
늘, 항상				+否定	+否定
いつも	よく	ときどき	たまに	ほとんど	ぜんぜん

反意語関係で覚える形容詞

크다 大きい	⇔ 작다 小さい	많다 多い	⇔ 적다 少ない
길다 長い	⇔ 짧다 短い	무겁다 重い	⇔ 가볍다 軽い
높다 高い	⇔ 낮다 低い	빠르다 速い	⇔ 느리다 遅い
어렵다 難しい	⇔ 쉽다 易しい	비싸다 (値段が) 高い	⇔ 싸다 安い
춥다 寒い	⇔ 덥다 暑い	뜨겁다 熱い	⇔ 차갑다 冷たい
밝다 明るい	⇔ 어둡다 暗い	넓다 広い	⇔ 좁다 狭い
멀다 遠い	⇔ 가깝다 近い	맛있다 おいしい	⇔ 맛없다 まずい
시원하다 涼しい	⇔ 따뜻하다 暖かい	재미있다 おもしろい	⇔ 재미없다 つまらない

9 몇 시에 일어나요?

何時に起きますか。

電車の中で

진우 : 보통 몇 시에 일어나요?

마키 : 7시에 일어나요.
(일곱)

진우 : 수업은 몇 시부터예요?

마키 : 아침 9시부터예요.
(아홉)

진우 : 몇 시까지예요?

마키 : 오후 4시 반까지예요.
(네)

ジヌ：普段何時に起きますか。

真樹：7時に起きます。

ジヌ：授業は何時からですか。

真樹：朝9時からです。

ジヌ：何時までですか。

真樹：午後4時半までです。

♣語彙と表現

087

몇 시 何時	일어나다 起きる	−부터 ～から
아침 朝	시 ～時	−까지 ～まで
오후 午後	반 半	

◆ ポイント学習 ◆

1 固有数詞

1	2	3	4	5	6	7	8	9	10
하나 (한)	둘 (두)	셋 (세)	넷 (네)	다섯	여섯	일곱	여덟	아홉	열

20	30	40	50	60	70	80	90
스물 (스무)	서른	마흔	쉰	예순	일흔	여든	아흔

( ) は後ろに単位が来るときに使います。

2 − 시 − 분

「~時」は「한 시, 두 시, 세 시, 네 시」のように固有数詞、「~分」は「일 분, 이 분, 오 분, 십 분」のように漢数詞を使います。

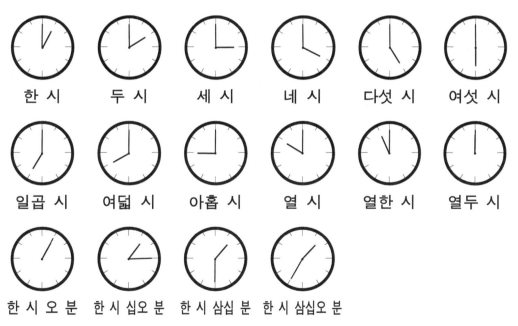

한 시	두 시	세 시	네 시	다섯 시	여섯 시

일곱 시	여덟 시	아홉 시	열 시	열한 시	열두 시

한 시 오 분 　한 시 십오 분 　한 시 삼십 분 　한 시 삼십오 분
= 한 시 반

◆さまざまな時間表現①

・ちょうど12時：정각 12 시 (= 12 시 정각)

・3時10分前：3 시 10 분 전 (= 2 시 50 분)

・4時半：4 시 반 (= 4 시 30 분)

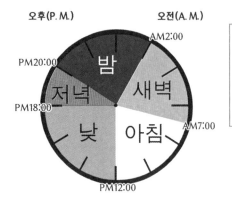

오후(P. M.)　　　　오전(A. M.)

AM2:00
PM20:00
밤
새벽
저녁
PM18:00
낮
아침
AM7:00
PM12:00

◆さまざまな時間表現②

・午前：오전　　　・午後：오후

・明け方：새벽　　・朝：아침　　　・昼：낮

・夕方：저녁　　　・夜：밤

練習2-A　時計を見て時間を言ってみましょう。

A：지금 몇 시예요?　今、何時ですか。

B：지금 1 시예요.　今、1時です。

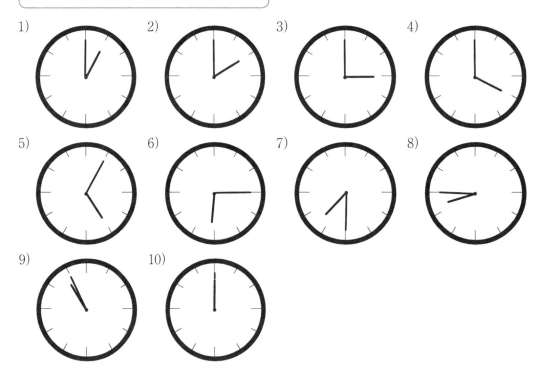

1)　2)　3)　4)

5)　6)　7)　8)

9)　10)

088

練習2-B　例にならって始まる時間を聞いてみましょう。

> A: 한국어 수업{은/ 는 } 몇 시에 시작해요? 韓国語の授業は何時に始まりますか。
> B: 10 시 40 분에 시작해요.　　　　　10時40分に始まります。
> 　열　　사십

1) 영화 映画 / 2 시 2時
2) 아르바이트 アルバイト / 오후 5 시 午後5時
3) 한국 드라마 韓国ドラマ / 밤 9 시 夜9時
4) 라디오 강좌 ラジオ講座 / 아침 7 시 朝7時

3　-부터 -까지, -에서 -까지

時間名詞-부터　時間名詞-까지	~から~まで
場所名詞-에서　場所名詞-까지	

점심 시간은 12 시부터 1 시까지예요.　お昼休みは12時から1時までです。
　　　　　　　열두　　한
월요일부터 토요일까지 학교에 가요.　月曜日から土曜日まで学校に行きます。
집에서 학교까지 걸어가요.　　　　　家から学校まで歩いて行きます。
여기에서 명동까지 멀어요?　　　　　ここから明洞まで遠いですか。

練習3-A　次の（　）の中に適当な助詞を入れましょう。

> 例) 수업은 9 시{부터/ 에서 } 10 시 (까지) 예요.
> 　　　授業は9時から10時までです。

1) 몇 시(　　　　) 몇 시(　　　　) 예요?
何時から何時までですか。

2) 월요일(　　　　) 수요일(　　　　) 다녀요.
月曜日から水曜日まで通います。

3) 호텔(　　　　) 인사동(　　　　) 걸어가요.
ホテルから仁寺洞まで歩いて行きます。

4) 집(　　　　) 역(　　　　) 멀어요?
家から駅まで遠いですか。

シナリオ・プレイ

下線に自分で考えた語句を自由に入れて、話してみましょう。

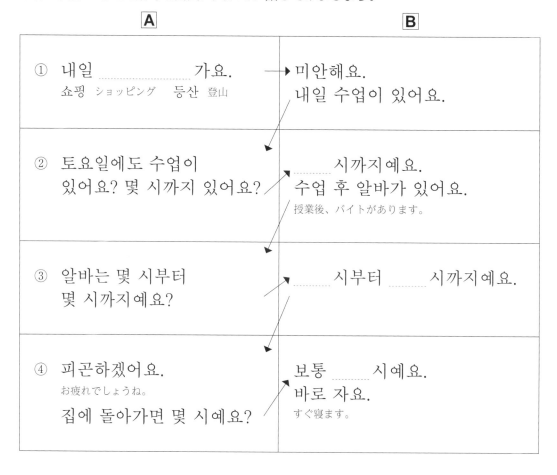

	A	B
①	내일 ＿＿＿＿＿ 가요. 쇼핑 ショッピング　등산 登山	→ 미안해요. 내일 수업이 있어요.
②	토요일에도 수업이 있어요? 몇 시까지 있어요?	＿＿ 시까지예요. 수업 후 알바가 있어요. <small>授業後、バイトがあります。</small>
③	알바는 몇 시부터 몇 시까지예요?	＿＿ 시부터 ＿＿ 시까지예요.
④	피곤하겠어요. <small>お疲れでしょうね。</small> 집에 돌아가면 몇 시예요?	보통 ＿＿ 시예요. 바로 자요. <small>すぐ寝ます。</small>

Listening

会話をよく聞いて女性は何時に何をするか、絵の番号を「나의 하루
（私の一日）」に書いてみましょう。

089

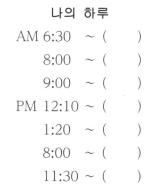

나의 하루	
AM 6:30	～（　　）
8:00	～（　　）
9:00	～（　　）
PM 12:10	～（　　）
1:20	～（　　）
8:00	～（　　）
11:30	～（　　）

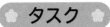

생활 습관 (生活習慣)

下の会話を参考に、友だちに生活習慣について聞いてみましょう。

> A: 보통 몇 시에 일어나요?
> B: 6 시에 일어나요.
>   여섯

◆ワークシート

	나	씨
보통 몇 시에 일어나요?		
보통 몇 시에 아침밥을 먹어요?		
수업은 몇 시에 시작해요?		
수업은 몇 시에 끝나요?		
보통 몇 시에 점심을 먹어요?		
보통 몇 시에 집에 돌아가요?		
보통 몇 시에 저녁 식사를 해요?		
보통 몇 시에 자요?		

次の文を韓国語に訳してみましょう。

1) 毎朝 8 時半に学校に行きます。→
2) 朝 7 時ごろ起きます。→
3) 韓国語の授業は何時から始まりますか。→
4) 今、何時ですか。→
5) 駅から学校まであまり遠くないです。→

● ミニ辞書 ●

시	～時		걸어가다	歩いて行く
분	～分		멀다	遠い
정각	ちょうど		다니다	通う
전	前		호텔	ホテル
새벽	明け方		피곤하다	疲れる
저녁	夕方		돌아가다	帰る
밤	夜		바로	すぐ / ただちに
지금	今		도시락	弁当
시작하다	始める		잠을 자다	寝る
드라마	ドラマ		아침밥	朝ごはん
라디오	ラジオ		-쯤	～ころ / ～くらい
강좌	講座		끝나다	終わる
점심 시간	昼休み		식사	食事

年と干支

쥐	소	호랑이	토끼
용	뱀	말	양
원숭이	닭	개	돼지

◆目上の方や見知らぬ人に年齢を聞くとき

A : 연세가 어떻게 되세요?　　　お年はおいくつでいらっしゃいますか。

B : 45 살이에요.　　　45 歳です。
(마흔다섯)

◆同じくらいの年齢の人に聞くとき

A : 실례지만 몇 살이에요?　　　失礼ですけど、何歳ですか。

B : 20 살이에요.　　　20 歳です。
(스무)

◆干支を聞くとき

A : 무슨 띠세요?　　　何年ですか。

B : 호랑이 띠예요.　　　トラ年です。

10 어제 뭐 했어요?

昨日何をしましたか。

090

学生ホールで

마키 : **어제 뭐 했어요?**

진우 : **친구를 만났어요.**

마키 : **친구와 뭐 했어요?**

진우 : **바닷가에서 놀았어요.**

마키 : **어땠어요?**

진우 : **좀 피곤했지만 재미있었어요.**

真樹：昨日、何をしましたか。
ジヌ：友だちに会いました。
真樹：友だちと何をしましたか。
ジヌ：海辺で遊びました。
真樹：どうでしたか。
ジヌ：ちょっと疲れましたが、楽しかったです。

❖ 語彙と表現

091

어제 昨日	뭐 何を（口語体）	바닷가 海辺
놀다 遊ぶ	어땠어요? どうでしたか	좀 ちょっと
피곤하다 疲れる	-지만 ～けど／～が	재미있다 おもしろい／楽しい

🌸 ポイント学習 🌸

1 過去形

해요体の現在形から「-요」を取って、「-ㅆ어요(?)」「-ㅆ습니다/-ㅆ습니까?」を付けます。

먹어~~요~~ 食べます → 먹었어요　食べました　　먹었어요?　食べましたか
　　　　　　　　　　 먹었습니다　食べました　　먹었습니까?　食べましたか

練習 1 - A　空欄を埋めましょう。

基本形	해요体 （現在形）	-ㅆ어요	-ㅆ습니다
만나다　会う	만나~~요~~		
오다　来る			
청소하다　掃除する			
읽다　読む			
가르치다　教える			
입다　着る			
좋다　よい			
비싸다　(値段が) 高い			
많다　多い			
맛있다　おいしい			

練習 1 - B　例にならって過去のことを聞いてみましょう。

🎧
092

A : 어제 뭐 했어요?　昨日何をしましたか。
B : 영화를 봤어요.　映画を見ました。

1) 주말에　週末に / 콘서트에 가다　コンサートに行く
2) 그저께　おととい / 친구와 놀다　友だちと遊ぶ
3) 지난 여름에　去る夏に / 해외여행하다　海外旅行する
4) 지난주 토요일에　先週の土曜日に / 시험을 보다　試験を受ける

2 -지만

語幹-지만	～けど

한국말은 어렵**지만** 재미있어요.
韓国語は難しいけど、おもしろいです。

김치는 맵**지만** 맛있어요.
キムチは辛いけど、おいしいです。

밥을 먹었**지만** 배가 고파요.
ごはんを食べましたが、おなかがすきました。

練習2-A 次の語句を例のように変えてみましょう。

例) 어렵다 難しい / 재미있다 おもしろい
  → 어렵지만 재미있어요. 難しいけど、おもしろいです。

1) 학생이다 学生だ / 공부를 안 하다 勉強しない
→ ....

2) 예쁘다 きれいだ / 너무 비싸다 高すぎる
→ ....

3) 맛있다 おいしい / 조금 짜다 ちょっとしょっぱい
→ ....

4) 열심히 했다 一生懸命にした / 불합격이다 不合格だ
→ ....

練習2-B 例にならって二つの反対の感想を言ってみましょう。
093

A : 김치 맛{ 이 / 가 } 어때요? キムチの味はどうですか。
B : 맵지만 맛있어요. 辛いけど、おいしいです。

1) 지하철 / 편리하다 / 사람이 많다
地下鉄 / 便利だ / 人が多い

2) 한국 여름 / 덥다 / 괜찮다
韓国の夏 / 暑い / 大丈夫だ

3) 케이크 / 맛있다 / 너무 달다
ケーキ / おいしい / 甘すぎる

4) 기숙사 / 학교에서 가깝다 / 깨끗하지 않다
寮 / 学校から近い / きれいじゃない

3 -에서

名詞-에서	~で

식당에서 밥을 먹어요.　食堂でごはんを食べます。
방에서 영화를 봐요.　部屋で映画を見ます。
도서관에서 공부해요.　図書館で勉強します。

練習 3 - A　例のように「-에서」を付けて書いてみましょう。

例) 카페 カフェ / 만나다 会う
　　→ 카페에서 만나요. カフェで会います。

1) 방 部屋 / 자다 寝る
→ ....

2) 시장 市場 / 사다 買う
→ ....

3) 학교 学校 / 공부하다 勉強する
→ ....

4) 공원 公園 / 운동하다 運動する
→ ....

練習 3 - B　どこで何をしたのか聞いてみましょう。　094

A : 한국에서 뭐 했어요?
　　韓国で何をしましたか。
B : 대학에서 한국어{ 을 /를} 공부했어요.
　　大学で韓国語を勉強しました。

1) 시장 市場 / 옷 服 / 사다 買う
2) 명동 明洞 / 친구 友だち / 만나다 会う
3) 부산 釜山 / 회 刺身 / 먹다 食べる
4) 한강 漢江 / 유람선 遊覧船 / 타다 乗る

❀ シナリオ・プレイ ❀

下線に自分で考えた語句を自由に入れて、話してみましょう。

A	**B**
① 주말 잘 지냈어요?	네, ＿＿＿ 씨는 뭐 했어요?
② ＿＿＿＿＿＿ 았 / 었어요. 친구를 만나다　友だちに会う 알바를 하다　　バイトをする 영화를 보다　　映画を見る	어땠어요?
③ ＿＿＿＿＿＿ 았 / 었어요. 재미있다　楽しい、おもしろい 너무 좋다　とてもよい 힘들다　　大変だ ＿＿＿＿＿ 씨는 뭐 했어요?	저는 (場所名)＿＿＿＿ 에 갔어요.
④ 누구하고 갔어요?	＿＿＿＿＿ 하고 갔어요. ＿＿＿ 에서 ＿＿＿ 았/었어요.

❀ Listening ❀

会話をよく聞いて正しい答えを書いてみましょう。

095

1) 男性は昨日何をしましたか。

① 　②  　③

2) 女性は昨日何を買いましたか。

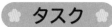

어제 뭐 했어요? (昨日何をしましたか。)

友だちに聞いてみましょう。（⑦⑧は自分で考えましょう）

	나	씨
① 어제 뭐 했어요?		
② 지난 주말에 뭐 했어요?		
③ 오늘 아침에 몇 시에 일어났어요?		
④ 아침에 뭐 먹었어요?		
⑤ 어제 몇 시에 잤어요?		
⑥ 오늘 몇 시에 학교에 왔어요?		
⑦		
⑧		

確認練習

次の文を韓国語に訳してみましょう。

1) 昨日何をしましたか。→
2) 今日のお昼にうどんを食べました。→
3) 先週土曜日にデパートで洋服を買いました。→
4) 映画がちょっと長かったです。→
5) 韓定食はおいしかったけど高かったです。（韓定食：한정식）→

ミニ辞書

영화	映画	지하철	地下鉄
콘서트	コンサート	편리하다	便利だ
그저께	おととい	덥다	暑い
놀다	遊ぶ	괜찮다	大丈夫だ
여름	夏	케이크	ケーキ
해외여행	海外旅行	너무	あまりにも / ～すぎる
시험을 보다	試験を受ける	달다	甘い
한국말	韓国語	기숙사	寮
맵다	辛い	가깝다	難しい
배가 고프다	おなかがすく	깨끗하다	きれいだ / 清潔だ
비싸다	（値段が）高い	시장	市場
짜다	しょっぱい	공원	公園
열심히	一生懸命に	옷	服
불합격	不合格	회	刺身
맛	味	시험을 보다	試験を受ける

身体の各部位

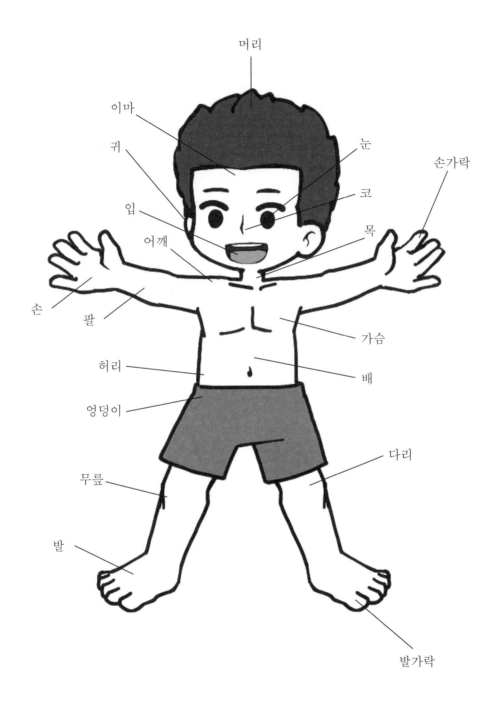

머리

이마

귀

눈

코

손가락

입

어깨

목

손

팔

가슴

허리

배

엉덩이

다리

무릎

발

발가락

11

얼마예요?

いくらですか

096

韓国食堂で

점원 : 어서 오세요. 뭐 드릴까요?

마키 : 순두부찌개 하나 주세요.

점원 : 네, 알겠습니다.

(식사 후)

마키 : 잘 먹었습니다. 얼마예요?

점원 : ^{만삼 천}13,000 원입니다. 맛있게 드셨어요?

마키 : 네, 정말 맛있었어요 !

店員：いらっしゃいませ。何になさいますか。
真樹：スンドゥブチゲ一つください。
店員：はい、かしこまりました。
（食事後）
真樹：ごちそうさまでした。いくらですか。
店員：13,000 ウォンです。おいしく召し上がりましたか。
真樹：はい、本当においしかったです！

❖語彙と表現

097

어서 오세요 いらっしゃいませ	뭐 드릴까요? 何になさいますか
순두부찌개 スンドゥブチゲ	주다/주세요 あげる / くれる / ください
알겠습니다 かしこまりました	식사 食事　　　　후 後
잘 먹었습니다 ごちそうさまでした	얼마 いくら　　　원 ウォン
맛있게 おいしく	드셨어요? 召し上がりましたか

● ポイント学習 ●

1 漢字語数詞に付く助数詞

通貨の単位	
원	ウォン
엔	円

時間の単位	
년	年
월	月
일	日
분	分

本に関する単位	
과	課
페이지	ページ
쪽	

学校に関する単位	
학년	年生
학기	学期
교시	時限

部屋に関する単位	
호실	号室

その他	
층	階
번	番

※漢字語数詞Ⅱ（10 ～）

十	百	千	万	億	兆
십	백	천	만	억	조

※1万はただ「만」という。

練習 1 - A　次を韓国語で書いてみましょう。

例）35,000 ウォン → 삼만 오천 원

1) 9 課　124 ページ → ....
2) 2,480 円 → ....
3) 1 学期 3 時限 → ....
4) 1306 号室 → ....
5) 4 階 403 教室 → ....
6) 2024 年 5 月 30 日 → ....

2 固有語数詞に付く助数詞

時間に関する単位	
시	時
시간	時間

物の数量に関する単位	
개	個
권	冊
장	枚
잔	杯
병	本（ビン）
송이	輪（花）
자루	本（鉛筆など）
대	台
벌	着

人や動物に関する単位	
명 / 사람	人
마리	匹・頭・羽
살	歳

練習２-Ｂ　絵を見て答えてみましょう。
098

A : 고양이 { 가 / 이 } 몇 마리 있어요?

猫が何匹いますか？

B : 네 마리 있어요.

4匹います。

1)

2)

3)

4)

5)

6)

3　-(으)세요. （お～ください）

あることを聞き手に丁寧に頼んだり要請・指示・命令したりするときに使います。より丁寧に言う場合は「-(으)십시오」を使います。

子音終わりの語幹-으세요	お～ください
母音終わりの語幹-세요	

여기에 앉으세요.　ここにお座りください。
편히 쉬세요.　ゆっくりお休みください。

練習３- A　　次の表を完成させましょう。

基本形　意味	-(으)세요	基本形　意味	-(으)세요
보다　見る		앉다　座る	
쓰다　書く		읽다　読む	
오다　来る		전화하다　電話する	
입다　着る		공부하다　勉強する	

練習３- B　　例にならって値段を聞いてみましょう。

099

A : 저기요, 이 양말 얼마예요?
　　すみません。この靴下、いくらですか。
B : 하나에 3,000 원이에요.
　　一つで3,000ウォンです。
A : 그럼, 이거 두 개 주세요.
　　じゃ、これ二つ、ください。

1) 가방 / 36,000 / 하나

2) 김 / 1,200 / 열 개

3) 티셔츠 / 9,800 / 다섯 개

4) 과자 / 1,700 / 세 개

121

シナリオ・プレイ

シナリオを読んで場面を想像し、下線に自分で考えた語句を自由に入れて話してみましょう。

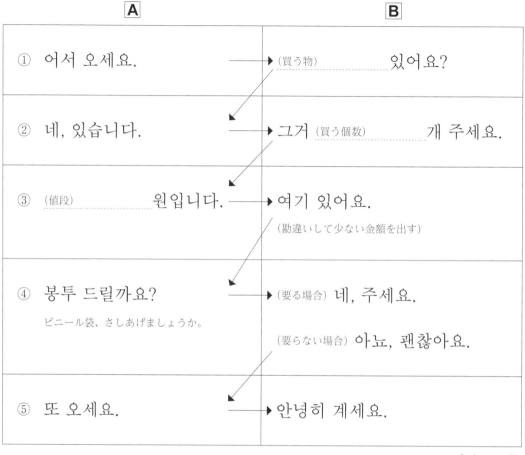

A	B
① 어서 오세요.	(買う物)＿＿＿＿＿ 있어요?
② 네, 있습니다.	그거 (買う個数)＿＿＿＿＿ 개 주세요.
③ (値段)＿＿＿＿＿ 원입니다.	여기 있어요. (勘違いして少ない金額を出す)
④ 봉투 드릴까요? ビニール袋、さしあげましょうか。	(要る場合) 네, 주세요. (要らない場合) 아뇨, 괜찮아요.
⑤ 또 오세요.	안녕히 계세요.

※그거 (←그것)

Listening

会話をよく聞いてお客さんが注文したものを選んでみましょう。

100

①

②

③

가격 묻기 게임 (値段を尋ねるゲーム)

友だちに空欄のところの値段を聞いてみましょう。

A : 가방이 얼마예요?
B : 55,000 원이에요.

＜学生A＞

55,000 원	2,200 원	.... 원
3,050 원	.... 원	.... 원
7,000 원	800 원	.... 원

＜学生B＞

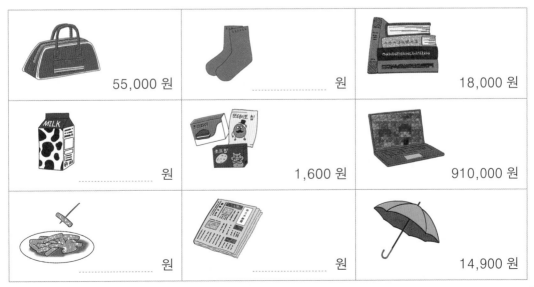

55,000 원	.... 원	18,000 원
.... 원	1,600 원	910,000 원
.... 원	.... 원	14,900 원

次の文を韓国語に訳してみましょう。

1) いらっしゃいませ。→
2) おいしく召し上がりましたか。→
3) 机の上に本 2 冊と CD 4 枚があります。→
4) このカバンいくらですか。→
5)（お店の人を呼ぶとき）すみません。ビール 1 本、ください。→

ミニ辞書

원	ウォン	꽃	花
엔	円	종이	紙
과	課	맥주	ビール
페이지, 쪽	ページ	빨리	早く / 急いで
학기	学期	편히	楽に / ゆっくり
교시	時限	쉬다	休む
호실	号室	앉다	座る
층	階	주다	あげる / くれる
마리	匹	김	のり
권	冊	티셔츠	Tシャツ
장	枚	과자	お菓子
잔	杯	봉투	封筒
병	本（ビン）	햄버거	ハンバーガー
송이	輪（花）	아이스커피	アイスコーヒー
자루	本（鉛筆など）	녹차	緑茶
대	台	홍차	紅茶
벌	着	샌드위치	サンドイッチ

여러 가지 과일 （いろいろな果物）

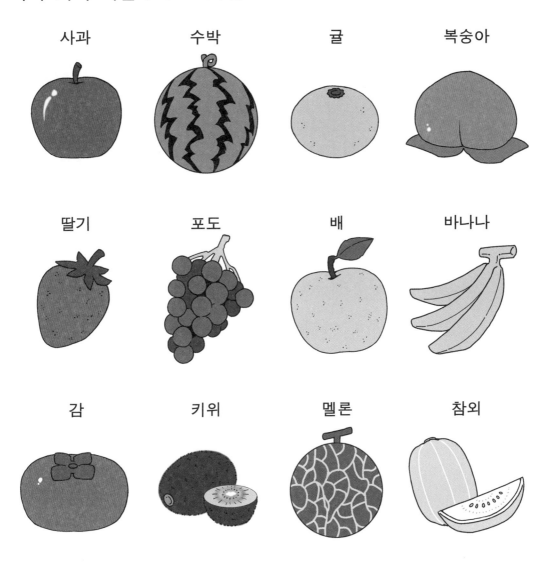

사과	수박	귤	복숭아

딸기	포도	배	바나나

감	키위	멜론	참외

◆一番好きな果物を言うとき

A : 무슨 과일을 가장 좋아해요?　　どんな果物が一番好きですか。

B : 사과를 가장 좋아해요.　　リンゴが一番好きです。

12

한국에서 뭐 하고 싶어요?

韓国で何をしたいですか。

101

学期が終わった教室で

마키 : 드디어 방학이다!

진우 : 그렇게 좋아요?

마키 : 네, 다음 주에 한국 가요.

진우 : 한국에서 어디에 가고 싶어요?

마키 : 서울보다 지방에 가고 싶어요.

진우 : 한국 친구에게 연락했어요?

마키 : 이미 카톡했어요.

真樹：とうとう（夏）休みだ！
ジヌ：そんなに嬉しいですか。
真樹：はい、来月、韓国に行くんですよ。
ジヌ：韓国でどこに行きたいですか。
真樹：ソウルより地方に行きたいです。
ジヌ：韓国の友だちに連絡しましたか。
真樹：すでにカカオトークしました。

❦ 語彙と表現

102

드디어 とうとう	방학 (学校の) 長期休み	그렇게 そんなに
-고 싶어요? ~たいですか?	-보다 ~より	지방 地方
-고 싶어요 ~たいです	-에게 ~に	연락 連絡
이미 すでに	카톡 カカオトーク	

❀ ポイント学習 ❀

1 –고 싶다

話者の望むことや願うことを表すときに用います。

動詞の語幹–고 싶다	～たい

뭐 먹고 싶어요?　　　　　　　　　何が食べたいですか。

―(저는) 햄버거(를) 먹고 싶어요.　―(私は)ハンバーガー(が)食べたいです。

※ただし、主語が3人称の場合は「–고 싶어 하다」を使います。

어머니는 일본 온천에 가고 싶어 해요.

母は日本の温泉に行きたがっています。

練習1-A　次を例のように変えて言ってみましょう。

例) 저 私, 김밥 のり巻き, 먹다 食べる
　　→ 저는 김밥을 먹고 싶어요.　私はのり巻きが食べたいです。

1) 저 私, 커피 コーヒー, 마시다 いる　　　→ ....
2) 저 私, 시계 時計, 사다 買う　　　　　　→ ....
3) 친구 友だち, 유럽에 가다 ヨーロッパに行く → ....
4) 형 兄, 운전하다 運転する　　　　　　　→ ....

練習1-B　韓国でしたいことを言ってみましょう。　
103

A : 한국에서 뭐 하고 싶어요?　　　韓国で何をしたいですか。
B : 쇼핑{을/ 를 / 에 } 하고 싶어요.　買い物をしたいです。

1) 화장품 化粧品 / 사다 買う
2) 한국 친구 韓国の友だち / 만나다 会う
3) 경복궁 景福宮 / 가다 行く
4) 전복죽 アワビのおかゆ / 먹다 食べる

2 -보다

名詞-보다	～より

축구**보다** 야구를 더 좋아해요.　サッカーより野球がもっと好きです。
요즘은 낮**보다** 밤이 길어요.　最近は昼より夜が長いです。

練習2-A　次を例のように変えて言ってみましょう。

例) 바다 海　산 山　좋다 良い
→ 바다**보다** 산이 좋아요.　海より山が良いです。

1) 시장 市場　백화점 デパート　비싸다 高い
→ ....

2) 평일 平日　주말 週末　바쁘다 忙しい
→ ....

3) 남자 男子　여자 女子　많다 多い
→ ....

4) 서울 ソウル　부산 釜山　멀다 遠い
→ ....

練習2-B　例のように比較して言ってみましょう。　🎧104

A : 사과 좋아해요?
　　リンゴ、好きですか。
B : 사과보다 딸기{을/를} 더 좋아해요.
　　リンゴよりイチゴがもっと好きです。

1) 수박 スイカ / 포도 ブドウ
2) 커피 コーヒー / 홍차 紅茶
3) 김치찌개 キムチチゲ / 된장찌개 味噌チゲ
4) 삼겹살 サムギョプサル / 보쌈 ポッサム

된장찌개

보쌈

3 -에게 / 한테

人や動物など-에게	～に

| 人や動物など-한테 | ～に | （話し言葉でよく使います。）|

친구**에게** 友だちに 　　　　　　　　고양이**에게** 猫に

강아지**한테** 子犬に 　　　　　　　선생님**한테** 先生に

練習 3 - A 　相応しい助詞を入れて書いてみましょう。

例) 동생 弟/妹, 한국어 韓国語, 가르치다 あげる
→ 동생에게 한국어를 가르쳤어요.
弟/妹に韓国語を教えました。

1) 친구 友だち, 이메일 Eメール, 보내다 送る
→ _____

2) 형 兄, 비밀 秘密, 말하다 言う
→ _____

3) 개 犬, 먹이 餌, 주다 あげる
→ _____

4) 선생님 先生, 숙제 宿題, 내다 出す
→ _____

練習 3 - B 　韓国でしたいことを言ってみましょう。

A : 누구에게 선물을 줬어요? だれにプレゼントをあげましたか。
B : 가족한테 줬어요. 　　　　　家族にあげました。

1) 선물 プレゼント / 친구 友だち
2) 우유 牛乳 / 아이 子供
3) 빵 パン / 후배 後輩
4) 손수건 ハンカチ / 언니 姉

シナリオを読んで場面を想像し、下線に自分で考えた語句を自由に入れて話してみましょう。

A	B
① 선생님, 저 다음 학기부터 한국 유학 가요.	잘됐네요. よかったですね。 얼마나 가요?
② 약 _____ 가요. 6 개월 6か月 반년 半年 1 년 1年	한국에서 뭘 가장 하고 싶어요?
③ 저는 _____고 싶어요. 친구를 많이 사귀다. 友だちをたくさん作る 한국 문화 체험을 하다 韓国文化体験をする 아이돌 콘서트에 가다 アイドルコンサートに行く	좋은 생각이네요. いいお考えですね。 그런데 공부는 안 해요?
④ 물론 공부도 해요. 토픽 _____ 급 따고 싶어요. TOPIK_____級を取りたいです。	네, 열심히 하세요. はい、頑張ってください。

🌸 **Listening** 🌸

会話をよく聞いて男性が疲れた理由を選んでみましょう。

106

①

②

③

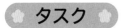

뭐 하고 싶어요? (何をしたいですか。)

次の質問を友だちに聞いてみましょう。

	나	씨
① 한국 음식 중에서 뭐 먹고 싶어요?		
② 어디로 여행 가고 싶어요? 거기에서 뭐 하고 싶어요?		
③ 방학 때 뭐 하고 싶어요?		
④ 한국에서 뭐 하고 싶어요?		
⑤ 어디에 살고 싶어요? 왜요?		
⑥ 연예인 중에서 누구하고 사귀고 싶어요?		
⑦ 언제 결혼하고 싶어요?		
⑧ 나중에 뭐가 되고 싶어요? 왜요?		

確認練習

次の文を韓国語に訳してみましょう。

1) 韓国で何がしたいですか。→
2) リンゴよりイチゴがもっと好きです。→
3) 妹はソウルに行きたがっています。→
4) 友だちにプレゼントをあげました。→
5) 私は日本語の教師になりたいです。（教師　교사）→

ミニ辞書

햄버거	ハンバーガー	된장찌개	味噌チゲ
온천	温泉	삼겹살	サムギョプサル
김밥	のり巻き	보쌈	ポッサム
유럽	ヨーロッパ	이메일	Eメール
운전하다	運転する	보내다	送る
쇼핑	ショッピング	비밀	秘密
화장품	化粧品	말하다	言う
전복죽	アワビのおかゆ	먹이	餌
축구	サッカー	후배	後輩
야구	野球	손수건	ハンカチ
요즘	最近 / このごろ	유학	留学
바다	海	얼마나	どのくらい
산	山	약	約
평일	平日	물론	もちろん
수박	スイカ	연예인	芸能人
포도	ブドウ	결혼하다	結婚する
김치찌개	キムチチゲ	나중에	後で

韓国に関するクイズ

◆韓国についてどのくらい知っていますか。つぎの質問の答えを書いてみましょう。
　答えはなるべく韓国語で書きましょう。

1. 韓国の首都はどこですか。
　　(　　　　　　　　　　　　　　)

2. 韓国人の姓のうち多い順番に三つ書いてみましょう。
　　(　　　　　　　　　　　　　　　　　　　　　　)

3. 韓国の代表的な食べ物であるキムチは何種類あるでしょうか。
　　(　　　　　　　　　　　　　　　　　　　　)

4. 韓国でいちばん南にあり、最も大きい島の名前は何ですか。
　　(　　　　　　　　　　　)

5. 韓国のお正月を何といいますか。また何月にありますか。
　　(　　　　　　　　　　　) (　　　　　　　　　　　　)

6. 韓国でいちばん高い山の名前は何ですか。
　　(　　　　　　　　　　　)

7. 韓国の大学は何月から始まりますか。
　　(　　　　　　　　　　　)

8. 韓国の通貨単位は何ですか。
　　(　　　　　　　　　　)

9. 日本の相撲に似た韓国のスポーツを何といいますか。
　　(　　　　　　　　　　　　　)

10. 韓国の国花は何ですか。
　　(　　　　　　　　　　　)

付 録

- ・韓国語の発音ルール
- ・助詞のまとめ
- ・用言の活用
- ・各課の Listening スクリプト
- ・単語索引

● 韓国語の発音ルール ●

● ㅎの弱化または無音化

終声字母（パッチム）「ㅎ」の後に母音が続くとき、終声字母（パッチム）「ㄴ, ㄹ, ㅁ, ㅇ」の後に初声字母「ㅎ」が続くとき、「ㅎ」はほとんど発音されません。

	＜表記＞	＜発音＞	
	좋아요	/ 조아요 /	（いいです）
	번호	/ 버노 /	（番号）
	발효	/ 바료 /	（発酵）
	심하다	/ 시마다 /	（ひどい）
	명함	/ 명암 /	（名刺）

● 濃音化

終声字母（パッチム）「ㄱ（ㅋㄲ）」[k], 「ㄷ（ㅌㅅㅆㅈㅊ）」[t], 「ㅂ（ㅍ）」[p] の後に初声字母「ㄱ, ㄷ, ㅂ, ㅅ, ㅈ」が続くとき、初声はそれぞれ濃音「ㄲ, ㄸ, ㅃ, ㅆ, ㅉ」になります。

		＜表記＞	＜発音＞	
[k] ＋ ㄱ→ ㄲ		학교	/ 학꾜 /	（学校）
[t] ＋ ㄷ→ ㄸ		식당	/ 식땅 /	（食堂）
[p] ＋ ㅂ→ ㅃ		십분	/ 십뿐 /	（10分）
[p] ＋ ㅈ→ ㅉ		잡지	/ 잡찌 /	（雑誌）
[k] ＋ ㅅ→ ㅆ		책상	/ 책쌍 /	（つくえ）

● 閉鎖音の鼻音化

終声字母（パッチム）「ㄱ（ㅋㄲ）」[k], 「ㄷ（ㅌㅅㅆㅈㅊ）」[t], 「ㅂ（ㅍ）」[p] の後に初声字母「ㄴ, ㅁ」が続くとき、終声はそれぞれ鼻音「ㅇ, ㄴ, ㅁ」になります。

		＜表記＞	＜発音＞	
[k] ＋ ㄴ→ ㅇ		학년	/ 항년 /	（～年生）
[t] ＋ ㄴ→ ㄴ		옛날	/ 옌날 /	（昔）
[p] ＋ ㄴ→ ㅁ		입니다	/ 임니다 /	（～です）
[k] ＋ ㅁ→ ㅇ		한국말	/ 한궁말 /	（韓国語）
[t] ＋ ㅁ→ ㄴ		거짓말	/ 거진말 /	（嘘）
[p] ＋ ㅁ→ ㅁ		입문	/ 임문 /	（入門）

● 激音化

終声字母（パッチム）「ㄱ（ㅋㄲ）」[ᵏ]、「ㄷ（ㅌㅅㅆㅈㅊ）」[ᵗ]、「ㅂ（ㅍ）」[ᵖ] の後に初声字母「ㅎ」が続くとき、合わさって激音「ㅋ, ㅌ, ㅍ」になります。

	＜表記＞	＜発音＞	
[ᵏ] ＋ ㅎ → ㅋ	백화점	/ 배콰점 /	（デパート）
[ᵗ] ＋ ㅎ → ㅌ	못하다	/ 모타다 /	（下手だ）
[ᵖ] ＋ ㅎ → ㅍ	입학	/ 이팍 /	（入学）

また終声字母「ㅎ」の後に初声字母「ㄱ, ㄷ, ㅈ」が続くときも激音「ㅋ, ㅌ, ㅊ」になります。

	＜表記＞	＜発音＞	
ㅎ ＋ ㄷ → ㅌ	좋다	/ 조타 /	（よい）
ㅎ ＋ ㄱ → ㅋ	좋고	/ 조코 /	（よくて）
ㅎ ＋ ㅈ → ㅊ	좋지	/ 조치 /	（いいよ）

● 流音化

終声字母（パッチム）「ㄴ」の後に初声字母「ㄹ」が続くとき、終声字母（パッチム）「ㄹ」の後に初声字母「ㄴ」が続くとき、「ㄴ」が「ㄹ」になります。

＜表記＞	＜発音＞	
연락	/ 열락 /	（連絡）
설날	/ 설랄 /	（お正月）

● 流音の鼻音化

「ㄹ」以外の終声字母（パッチム）の後に初声字母「ㄹ」が続くとき、「ㄹ」が「ㄴ」になります。

＜表記＞	＜発音＞	
심리	/ 심니 /	（心理）
대통령	/ 대통녕 /	（大統領）

終声字母（パッチム）「ㄴ」の後に初声字母「ㄹ」が続くときは原則的に「流音化」が生じますが、複合語の場合は鼻音化が生じます。

＜表記＞	＜発音＞	
생산량	/ 생산냥 /	（生産量）
무신론	/ 무신논 /	（無神論）

● 口蓋音化

終声字母（パッチム）「ㄷ, ㅌ」の後に助詞や接辞の「이」「히」が続くとき、合わさって「지」「치」になります。

＜表記＞	＜発音＞	
같이	/ 가치 /	（一緒に）
굳이	/ 구지 /	（あえて）
닫히다	/ 다치다 /	（閉まる）

● 「ㄴ」[n] 挿入

終声字母（パッチム）で終わる単語の後に「야, 여, 요, 유, 이」などで始まる単語が続くとき、「ㄴ」を挿入して発音します。

＜表記＞	＜発音＞	
무슨 요일	/ 무슨뇨일 /	（何曜日）
담요	/ 담뇨 /	（毛布）

● 助詞のまとめ ●

	～は	～が	～を	～と（口語）	～や、か
子音終わりの語に付く場合	－은	－이	－을	－과（하고）	－이나
母音終わりの語に付く場合	－는	－가	－를	－와（하고）	－나

（所有）	～の：－의
	～も：－도
	～より：－보다

	ㄹ以外の子音終わりの語に付く場合	ㄹまたは母音終わりの語に付く場合
～へ（方向）	－으로	－로
～で（材料 / 手段 / 道具）		

	～から	～まで
時間	－부터	－까지
場所	－에서	

	～に（口語）
人・動物	－에게（한테）
事物	－에

～で（場所）	～から（人・動物）（口語）
－에서	－에게서（한테서）

138

● 用言の活用 ●

韓国語の用言活用は次の3つに分けられます。

活用形1　語幹の形のままのもの

> 基本形から-다を取る。

-ㅂ니다 / 습니다 (5課)	例)	가다	→	갑니다	
		먹다	→	먹습니다	
-지 않다 (8課)	例)	가다	→	가지 않다	
		먹다	→	먹지 않다	
-지만 (10課)	例)	가다	→	가지만	
		먹다	→	먹지만	
-고 싶다 (12課)	例)	가다	→	가고 싶다	
		먹다	→	먹고 싶다	

活用形2　母音終わりの語幹と子音終わりの語幹で区別するもの

> 語幹のまま　　　　　　　　　　語幹に-으-を付ける。

-(으)면 (7課)	例)	가다	→	가면
		먹다	→	먹으면
-(으)십시오 / (으)세요 (11課)	例)	가다	→	가십시오 / 가세요
		읽다	→	읽으십시오 / 읽으세요

活用形3　語幹の最後の母音によって区別するもの

> 語幹の最後の母音がㅏ, ㅗ, ㅑの場合は語幹に-아、
> それ以外の母音の場合は語幹に-어を付ける。
> -하다は-여を付けるが、短縮され-해になる。

-아요 (8課)	例)	가다	→	가요
-어요		먹다	→	먹어요
-여요		공부하다	→	공부해요

用言の活用表

活用の種類	基本形	意味	語幹	活用形1	活用形2	活用形3
子音 語幹	좋다	良い / いい	좋-	좋-	좋으-	좋아
	작다	小さい	작-	작-	작으-	작아
	먹다	食べる	먹-	먹-	먹으-	먹어
	있다	ある / いる	있-	있-	있으-	있어
	없다	ない / いない	없-	없-	없으-	없어
母音 語幹	가다	行く	가-	가-		가 (←*가아)
	보다	見る	보-	보-		봐- (←보아)
	마시다	飲む	마시-	마시-		마셔 (←마시어)
	주다	与える	주-	주-		줘 (←주어)
	내다	出す	내-	내-		내 (←내어)
	하다	する	하-	하-		해 (←하여)
	되다	なる	되-	되-		돼 (←되어)
	쉬다	休む	쉬-	쉬-		쉬어
指定詞	-이다	～だ	-이-	-이-		-이어* (子音終わりの体言の後) -여* (母音終わりの体言の後)

＊ -요の前では-이에-, -예-

🌸 Listening 🌸 スクリプト

第 1 課

안녕하세요?
저는 다나카 하나코입니다.
일본 사람입니다.
회사원입니다.
만나서 반갑습니다.
잘 부탁합니다.

第 2 課

1)
남자 : 이름이 무엇입니까?
여자 : 김유진입니다.
남자 : 취미가 무엇입니까?
여자 : 여행입니다.
남자 : 고향이 어디입니까?
여자 : 서울입니다.
남자 : 핸드폰 번호가 몇 번입니까?
여자 : 010-373-2894 입니다.

2)
여자 : 이름이 무엇입니까?
남자 : 야마다 나오키입니다.
여자 : 취미가 무엇입니까?
남자 : 등산입니다.
여자 : 고향이 어디입니까?
남자 : 나고야입니다.
여자 : 핸드폰 번호가 몇 번입니까?
남자 : 090-324-3636 입니다.

第 3 課

안녕하세요? 저는 고토 다카시입니다.
제 고향은 오사카입니다. 할머니, 아버지,
어머니, 여동생이 있습니다.

저는 대학생입니다.
우리 학교는 도쿄에 있습니다.
도서관이 있습니다. 학생 식당도 있습니다.
제 친구는 한국 사람입니다.
친구 이름은 지원입니다. 남자입니다.

第 4 課

여자 : 이 노트북은 누구 것입니까?
남자 : 제 노트북입니다. 미영 씨도 노트북
　　　이 있습니까?
여자 : 아니요, 저는 없습니다.
남자 : 그것은 무엇입니까?
여자 : 아, 스마트폰입니다.
남자 : 누구 것입니까?
여자 : 친구 것입니다.

第 5 課

1) 여자 : 지금 무엇을 합니까?
　　남자 : 영어 공부합니다.
2) 남자 : 지금 무엇을 합니까?
　　여자 : 주스를 마십니다.
3) 남자 : 지금 무엇을 합니까?
　　여자 : 드라마를 봅니다.

第 6 課

1) 여자 : 오늘이 며칠이에요?
　　남자 : 칠월 십육 일이에요.
2) 여자 : 한국어 시험이 몇 월 며칠이에요?
　　남자 : 오월 삼십 일이에요.
3) 남자 : 생일이 언제예요?
　　여자 : 시월 이십오 일이에요.

第 7 課

침대가 있어요. 침대 위에 자동차가 있어요. 차 안에 사과가 있어요. 차 오른쪽 옆에 나무가 있어요. 나무 위에 여자가 있어요.

차 왼쪽 옆에 문이 있어요. 침대 밑에 가방이 있어요.

가방 옆에 옷장이 있어요. 가방과 옷장 사이에 양말이 있어요.

第 8 課

남자 : 주말에 수업이 있어요?

여자 : 네, 토요일 오전에 있어요. 오후에는 없어요.

남자 : 그럼, 오후에는 뭐 해요?

여자 : 쇼핑해요.

남자 : 일요일에는 뭐 해요?

여자 : 친구를 만나요.

第 9 課

저는 아침 여섯 시 삼십 분에 일어나요. 여덟 시에 전철을 타요.

아홉 시부터 열두 시까지 수업이 있어요. 열두 시 십 분부터 점심 시간이에요.

저는 매일 도시락을 먹어요. 오늘은 오후 한 시 이십 분부터 여섯 시까지 수업이에요. 저녁 여덟 시부터 열 시까지 TV 를 봐요. 보통 열한 시 반에 자요.

第 10 課

여자 : 어제 뭐 했어요?

남자 : 여자 친구를 만났어요.

여자 : 어디에서 만났어요?

남자 : 명동에서요. 같이 영화 봤어요. 유카 씨는요?

여자 : 저는 어머니와 같이 쇼핑했어요.

남자 : 뭐 샀어요?

여자 : 옷을 샀어요.

남자 : 어땠어요?

여자 : 좀 비쌌지만 마음에 들어요.

第 11 課

점원 : 어서 오세요. 여기 앉으세요.

손님 : 메뉴 좀 주세요.

점원 : 여기 있어요. 뭐 드릴까요?

손님 : 샌드위치 한 개하고 아이스커피 두 잔 주세요.

점원 : 네, 잠깐만 기다리세요.

⋯⋯

손님 : 저기요. 녹차 한 잔과 홍차 한 잔 주세요.

점원 : 네, 알겠습니다.

손님 : 고맙습니다.

第 12 課

여자 : 와, 드디어 방학이다!

남자 : 휴, 빨리 집에 가고 싶어요.

여자 : 밤 늦게까지 공부했어요?

남자 : 아뇨, 실은 게임했어요.

여자 : 에구, 괜찮아요?

남자 : 너무 피곤해요. 푹 자고 싶어요.

単語索引（韓－日）

右の数字は新出の課を表す。（「文」は「文字と発音」，「付」は「付録」）

돈	金，お金	8
돌아가다	帰る	7
동물	動物	8
동생	弟，妹	3
동아리	サークル	4
돼지	豚（亥）	9
되다	なる	12
된장	味噌	12
된장찌개	味噌チゲ	12
두	二～	9
둘	二つ	9
뒤	後ろ	7
드디어	とうとう	12
드라마	ドラマ	5
드리다	差し上げる	11
드시다	召し上がる	11
듣다	聞く	5
등산	山登り	2
딩동댕	ピンポン	8
따뜻하다	暖かい	8
따로따로	別々	文
딸	娘	3
딸기	イチゴ	8
때때로	ときどき	8
떡	トク（餅）	11
떡볶이	トッポッキ	11
또	また	2
똑바로	まっすぐ	7
뜨겁다	熱い	8
띠	年（生まれ年）	9

ㄹ		
-ㄹ까요?	～ましょうか	11
라디오	ラジオ	9
라디오 강좌	ラジオ講座	9
라면	ラーメン	3
러시아	ロシア	1
-로	～へ（方向），～で（道具）	12
륙	6	2
-를	～を	5

ㅁ		
마리	～匹	11
마시다	飲む	5
마음	心	文
마음에 들다	気に入る	付
마흔	四十，四十～	9
만	万	11
만나다	会う	5
만나서 반갑습니다	お会いできてうれしいです	1
만약	もし	7
만화	漫画	5
많다	多い	7
많이	たくさん	4

말	言葉	10
말	馬（午）	9
말씀	お言葉	7
말씀 좀 묻겠습니다	ちょっとうかがいたいんですが	7
말하다	言う	2
맛	味	10
맛없다	まずい	8
맛있다	おいしい	5
맞다	当たる，合う，正しい	6
매년	毎年	6
매달	毎月	6
매일	毎日	5
매주	毎週	6
맥주	ビール	11
맵다	辛い	10
머리	頭	10
먹다	食べる	5
먹이	餌	12
멀다	遠い	8
메뉴	メニュー	付
메일	メール	12
멜론	メロン	11
며칠	何日	6
-면	～と，～ば，～たら	7
명	～名，～人	2
명함	名刺	付
몇	何～	2
몇 년	何年	6
몇 번	何番	2
몇 살	何歳	9
몇 시	何時	9
몇 월	何月	6
모레	あさって	6
모르다	分からない，知らない	文
모자	帽子	4
목	首，のど	8
목요일	木曜日	6
몸	体	文
못하다	下手だ	付
무겁다	重い	8
무궁화	むくげの花	5
무료	無料	文
무릎	ひざ	10
무사	無事	文
무슨	どんな，何の	3
무슨 요일	何曜日	6
무신론	無神論	付
무엇	何	2
무엇을	何を	3
무엇이	何が	3
문	ドア，扉	4
문화	文化	12
묻다	尋ねる	7
물	水	5

한국어	日本語	課	한국어	日本語	課
산	山	12	수업	授業	4
산책	散策, 散歩	2	수영	水泳	2
살	～歳	11	수요일	水曜日	6
살다	住む, 暮らす, 生きる	5	수첩	手帳	7
삶	人生, 生	文	수필	随筆, エッセイ	5
삼	3	2	숙제	宿題	4
삼겹살	サムギョプサル	12	순두부찌개	スンドゥブチゲ	11
삼월	3月	6	숟가락	スプーン	文
삼일절	三一節	6	술	酒, お酒	7
새	鳥	8	쉬다	休む	5
새벽	明け方	9	쉰	五十, 五十～	9
새해	新年	文	쉽다	易しい	8
새해 복 많이 받으세요	明けましておめでとうございます	文	스마트폰	スマートフォン, スマホ	3
샌드위치	サンドイッチ	11	스무	二十～	9
-생	～生まれ	6	스무고개	二十の扉	8
생각	考え	12	스물	二十	9
생산	生産	付	스승	先生, 師匠	6
생산량	生産量	付	스승의 날	先生の日	6
생일	誕生日	6	스키	スキー	5
생활	生活	8	습관	習慣	9
생활 습관	生活習慣	9	시	詩	5
-서	～で(場所), ～から(場所)	9, 10	시	～時	9
서다	立つ	8	시간	時間, ～時間	2
서랍	引き出し	7	시계	時計	4
서른	三十, 三十～	9	시원하다	涼しい, 爽快だ	8
서울	ソウル	2	시월	10月	6
서점	書店, 本屋	3	시작하다	始める, 始まる	9
선물	プレゼント	12	시장	市場	7
선배	先輩	4	시험	試験	6
선생님	先生	1	시험을 보다	試験を受ける	10
설날	旧正月	6	식당	食堂	3
성	姓	1	식사	食事	9
세	三～	9	신문	新聞	7
세다	数える	8	신발	履き物	4
-세요	お～ください	11	신정	新正月	6
세탁	クリーニング, 洗濯	7	실례	失礼	9
세탁소	クリーニング屋	7	실례지만	失礼ですが	9
셋	三つ	9	실례하다	失礼する	文
소	牛(丑)	9	실례합니다	失礼します	文
소개	紹介	1	실은	実は	付
소설	小説	5	싫다	嫌だ	文
소파	ソファー	7	싫어하다	嫌いだ	5
속	中, 内	7	심리	心理	付
손	手	10	심하다	ひどい	付
손가락	手の指	10	십	十	2
손님	お客さん	8	-십시오	お～ください	11
손수건	ハンカチ	4	십이월	12月	6
송이	～輪(花)	11	십일월	11月	6
쇼핑	買い物, ショッピング	2	싸다	安い	8
쇼핑하다	買い物する, ショッピングする	2	싸다	包む	文
수고하다	苦労する	文	쓰다	書く	5
수고하셨습니다	お疲れ様でした	文	씨	～さん	1
수박	すいか	11			

영화	映画	2		웃다	笑う	文
영화관	映画館	7		원	ウォン	7
옆	隣, そば, 横	7		원숭이	猿（申）	9
예	はい	文		월	～月	6
예쁘다	きれいだ, かわいい	5		월요일	月曜日	6
예순	六十, 六十～	9		위	上	7
예외	例外	文		유람선	遊覧船	10
-예요	～です	6		유럽	ヨーロッパ	12
-예요?	～ですか	6		유월	6月	6
예의	礼儀	文		유의어	類義語	文
옛날	昔	付		유자	ゆず	5
오	5	2		유자차	ゆず茶	5
오늘	今日	4		유학	留学	1
오다	来る, 降る	5		유학생	留学生	1
오른쪽	右側	7		육	6	2
오빠	（妹から見て）兄, お兄さん	3		-으로	～へ（方向）, ～で（道具）	12
오월	5月	6		-으면	～と, ～ば, ～たら	7
오이	キュウリ	文		-으세요	お～ください	11
오이김치	オイキムチ	5		-으십시오	お～ください	11
오전	午前	4		-은	～は	1
오토바이	オートバイ, バイク	6		은행	銀行	7
오후	午後	4		-을	～を	5
온천	温泉	12		-을까요?	～ましょうか	11
올해	今年	6		읊다	詠む	文
옷	服	8		음식	食べ物, 料理	5
옷장	たんす	4		음식점	飲食店	8
와	わあ	8		음악	音楽	2
-와	～と（話し言葉・書き言葉）	7		-의	～の（所有・関係）	4
왜	なぜ, どうして	3		의사	医者	1
왜 그러세요?	どうなさいましたか	文		의외	意外	文
외곬	一筋	文		의의	意義	文
외롭다	寂しい	文		의자	いす	4
외우다	覚える	文		이	歯	文
왼쪽	左側	7		이	2	2
-요	～です（1 フレーズ）	2		이	この	4
-요?	～ですか（1 フレーズ）	2		-이	～が	2
요가	ヨガ	2		이거	これ	11
요리	料理	文		이건	これは	6
요리사	料理人	1		이것	これ	4
요리하다	料理する	文		이것은	これは	6
요일	～曜日	6		-이나	～や, ～か	付
요즘	最近, このごろ	12		-이다	～だ, ～である	10
용	龍（辰）	9		이달	今月	6
우동	うどん	3		-이 되다	～になる	12
우리	私たち	2		이따가	（少し）後で	8
우산	傘	4		이름	名前	1
우유	牛乳	11		이마	ひたい, おでこ	10
우체국	郵便局	7		이메일	Eメール	12
우편번호	郵便番号	2		이미	すでに	12
운동	運動, スポーツ	5		이번	今回, 今度	8
운동하다	運動する	5		이번 달	今月	6
운전	運転	12		이번 주	今週	6
운전하다	運転する	12		이분	この方	4
울다	泣く	文		이 사람	この人	4

-이 아니다	〜ではない	1		잠을 자다	寝る，眠る	9
-이에요	〜です	6		잠이 안 오다	眠れない	7
-이에요?	〜ですか	6		잠이 오다	眠い	7
-이요	〜です（1 フレーズ）	6		잡지	雑誌	4
-이요?	〜ですか（1 フレーズ）	6		장	〜枚	11
이월	2月	6		재미	おもしろみ	8
이유	理由	文		재미없다	つまらない	8
이쪽	こちら，こっち	4		재미있다	おもしろい	5
이해	理解	文		재작년	一昨年，おととし	6
이해하다	理解する	文		재즈	ジャズ	5
일	1	2		저	わたくし	1
일	仕事，こと	5		저	あの	4
일	〜日	6		저	あのう	7
일곱	七つ，七〜	9		저거	あれ	文
일본	日本	1		저건	あれは	6
일본 사람	日本人	1		저것	あれ	4
일본어	日本語	文		저것은	あれは	6
일어나다	起きる	5		저기	あそこ	4
일요일	日曜日	6		저기요	すみません（話しかけ）	11
일월	1月	6		저녁	夕方	9
일하다	働く，仕事する	5		저녁 식사	夕食	9
일흔	七十，七十〜	9		저분	あの方	4
읽다	読む	5		저 사람	あの人	4
입	口	10		저의	わたくしの	4
-입니까?	〜ですか	1		저쪽	あちら，あっち	4
-입니다	〜です	1		적다	少ない	8
입다	着る	10		전	前（時間）	9
입문	入門	付		전	チヂミ	7
입학	入学	付		전공	専攻	2
있다	ある，いる	3		전복	アワビ	12
				전복죽	アワビのおかゆ	12
	ㅈ			전철	電車	7
				전혀	全然，まったく	8
자기	自分	1		전화	電話	2
자기소개	自己紹介	1		전화번호	電話番号	2
자다	寝る，眠る	5		전화하다	電話する	2
자동차	自動車	7		점심	昼食，昼ごはん	7
자루	〜本（鉛筆など）	11		점심 시간	昼休み	9
자리	席	4		점원	店員	11
자유	自由	文		젓가락	箸	文
자전거	自転車	6		정각	ちょうど	9
자주(頻繁)	よく，しばしば，度々	5		정말	本当	1
작년	昨年，去年	6		제	わたくしの	4
작다	小さい	5		조	兆	11
잔	〜杯	11		조금	少し，ちょっと	10
잘	よく，よろしく	1		좀	ちょっと	7
잘되다	うまくいく	12		좁다	狭い	8
잘 먹겠습니다	いただきます	文		종이	紙	11
잘 먹었습니다	ごちそうさまでした	11		좋다	よい，いい	5
잘 부탁합니다	よろしくお願いします	1		좋아하다	好きだ	5
잘 자	お休み	文		죄송하다	申し訳ない	文
잠	眠り	7		죄송합니다	すみません，申し訳ありません	文
잠시	しばらく	2		주다	与える，あげる，くれる	8
잠시만	しばらく	2		주말	週末	5
잠시만요	ちょっと待ってください	2				

팔	腕	10	-한테	～に（人・動物：話し言葉）	12
팔	8	2	-한테서	～から（人・動物：話し言葉）	12
팔월	8月	6	할리우드	ハリウッド	5
페이지	ページ	11	할머니	祖母，おばあさん	3
편리하다	便利だ	10	할아버지	祖父，おじいさん	3
편의점	コンビニ	7	핥다	なめる	文
편히	楽に，ゆっくり（くつろぐ）	11	합격	合格	10
평일	平日	12	항상	いつも	8
포기하다	諦める	文	해외	海外	10
포도	ぶどう	11	해외여행	海外旅行	10
푹	ゆっくり（休む）	7	핸드폰	携帯電話	2
프랑스	フランス	1	햄버거	ハンバーガー	11
피곤하다	疲れる	9	허리	腰	10
피아노	ピアノ	2	헤어지다	別れる	5
피자	ピザ	文	현재	現在	6
필통	筆箱，ペンケース	4	현충일	顕忠日	6

<table>
<tr><td colspan="3" align="center">ㅎ</td></tr>
</table>

-하고	～と（話し言葉）	5	형	（弟から見て）兄，お兄さん	3
하나	一つ	9	형제	兄弟	3
하다	する	5	호랑이	虎（寅）	9
하루	一日	9	호실	～号室	11
하마	カバ	文	호주	オーストラリア	1
학과	学科	1	호텔	ホテル	7
학교	学校	4	홍차	紅茶	5
학기	学期	11	화나다	腹が立つ	文
학년	～年生	2	화요일	火曜日	6
학생	学生	1	화장	化粧	12
학생 식당	学生食堂	3	화장실	化粧室，トイレ	7
학생증	学生証	7	화장품	化粧品	12
한	一～	9	회	刺身	10
한국	韓国	1	회사	会社	7
한국말	韓国語	10	회사원	会社員	1
한국 사람	韓国人	1	회의	会議	文
한국어	韓国語	3	후	後	9
한글	ハングル	6	후년	再来年	6
한글날	ハングルの日	6	후배	後輩	12
한번	一度，一回	2	힘	力	8
한정식	韓定食	10	힘들다	大変だ	8
			힙합	ヒップホップ	5

(妹から見て)兄	오빠	3	いつも	언제나, 늘, 항상	8
(弟から見て)兄	형	3	いない	없다	3
アニメーション	애니메이션	5	犬(戌)	개	9
(妹から見て)姉	언니	3	イノシシ(亥)	돼지, 멧돼지	9
(弟から見て)姉	누나	3	今	지금	7
あの	저	4	妹	여동생, 동생	3
あのう	저	7	いや(感動詞)	에구	付
あの方	저분	4	嫌だ	싫다	文
あの人	저 사람	4	いらっしゃいませ	어서 오세요	11
甘い	달다	10	いらっしゃる(居るの尊敬語)	계시다	2
あまり	별로	8	いる	있다	3
あまりに~	너무	10	祝う	축하하다	6
飴	사탕	6	飲食店	음식점	8
雨	비	7	上	위	7
雨が降る	비가 오다	7	ウォン	원	7
アメリカ	미국	1	受ける	받다	文
アメリカ人	미국 사람	1	ウサギ(卯)	토끼	8
ありがたい	고맙다	2	牛(丑)	소	9
ありがとうございます	고맙습니다, 감사합니다	2,7	後ろ	뒤	7
ある	있다	3	嘘	거짓말	付
歩いて行く	걸어가다	7	歌	노래	5
アルバイト	아르바이트	5	歌う	노래하다, 부르다	5,7
あれ	저것, 저거	4, 文	内	안, 속	7
あれは	저것은, 저건	6	うち	중	12
アワビ	전복	12	腕	팔	10
アワビのおかゆ	전복죽	12	うどん	우동	3
いい	좋다	5	馬(午)	말	9
いいえ	아니요, 아뇨, 아니에요	1,7	うまくいく	잘되다	12
Eメール	이메일	12	~生まれ	-생	6
言う	말하다	2	海	바다	12
家	집	4	海辺	바닷가	10
意外	의외	文	ウリ	참외	11
意義	의의	文	(会えて)うれしい	반갑다	1
イギリス	영국	1	(お会いできて)うれしいです	반갑습니다	1
イギリス人	영국 사람	6	運転	운전	12
生きる	살다	5	運転する	운전하다	12
行く	가다	5	運動	운동	5
いくら	얼마	3	運動する	운동하다	5
医者	의사	1	エアコン	에어컨	8
いす	의자	4	映画	영화	2
急いで	빨리	11	映画館	영화관, 극장	7
忙しい	바쁘다	5	英語	영어	3
痛い	아프다	文	ええ	네	1
いただきます	잘 먹겠습니다	文	駅	역	4
イチゴ	딸기	8	餌	먹이	12
一度	한번	2	エッセイ	수필	5
一日	하루	9	円	엔	11
市場	시장	7	鉛筆	연필	4
いちばん	가장	6	お会いできてうれしいです	만나서 반갑습니다	1
いつ	언제	3	オイキムチ	오이김치	5
一回	한번	2	おいしい	맛있다	5
一昨年	재작년	6	多い	많다	7
一生懸命	열심히	10	大きい	크다	5
一緒に	같이	付	オーストラリア	호주	1

オートバイ	오토바이	6
お母さん	어머니	1
お菓子	과자	11
お金	돈	8
おかゆ	죽	12
お客さん	손님	8
起きる	일어나다	5
お～ください	-으세요/세요, -으십시오/-십시오	11
送る	보내다	12
お言葉	말씀	7
お酒	술	7
おじいさん	할아버지	3
教える	가르치다	10
おじさん	아저씨	文
お釈迦様	부처님	6
お釈迦様の誕生日	부처님 오신 날	6
お尻	엉덩이	10
(速度が) 遅い	느리다	8
遅く	늦게	付
お茶	차	5
お疲れ様でした	수고하셨습니다	文
夫	남편	3
おでこ	이마	10
お父さん	아버지	1
弟	남동생, 동생	3
男	남자	3
お年	연세	9
おととい	그저께	6
おととし	재작년	6
踊り	춤	5
踊る	추다, 춤추다	5
おなか	배	7
おなかがすく	배고프다	文
(妹から見て) お兄さん	오빠	3
(弟から見て) お兄さん	형	3
(妹から見て) お姉さん	언니	3
(弟から見て) お姉さん	누나	3
お願いします	부탁합니다	1
お願いする	부탁하다	1
おばあさん	할머니	3
おはようございます	안녕하세요?, 안녕하십니까?	1, 文
覚える	외우다	文
お店	가게	6
おめでとうございます	축하해요, 축하합니다	6, 文
お目にかかる	뵙다	1
重い	무겁다	8
おもしろい	재미있다	5
おもしろみ	재미	8
お休み	잘 자	文
お休みなさい	안녕히 주무세요	文
お休みになる	주무시다	文
降りる	내리다	文
降ろす	내리다	文
終わる	끝나다	9
音楽	음악	2
温泉	온천	12
女	여자	3

か行

課	과	11
～か	-이나/나	付
～が	-이/가	2
～が（逆接）	-지만	10
カーテン	커튼	4
～回	번	2
～階	층	11
海外	해외	10
海外旅行	해외여행	10
会議	회의	文
会社	회사	7
会社員	회사원	1
開天節	개천절	6
買い物	쇼핑	2
買い物する	쇼핑하다	2
買う	사다	5
帰る	돌아가다	7
顔	얼굴	文
カカオトーク	카카오톡, 카톡	12
価格	가격	11
鏡	거울	4
柿	감	11
鍵	열쇠	7
書く	쓰다	5
学生	학생	1
学生証	학생증	7
学生食堂	학생 식당	3
カクテギ	깍두기	5
過去	과거	6
傘	우산	4
かしこまりました	알겠습니다	11
歌手	가수	1
数える	세다	8
家族	가족	3
ガソリンスタンド	주유소	7
肩	어깨	10
方	분	4
～月	월	6
学科	학과	1
学期	학기	11
学校	학교	4
家庭	가정	6
家庭の月	가정의 달	6
カナダ	캐나다	1
カナダ人	캐나다 사람	1
金	돈	8
彼女	여자 친구	3
カバ	하마	文

日本語	韓国語		日本語	韓国語	
カバン	가방	4	金曜日	금요일	6
カフェ	카페	7	ください	주세요	11
紙	종이	11	くださる	주시다	11
通う	다니다	9	果物	과일	11
歌謡	가요	5	口	입	10
歌謡曲	가요	5	靴	구두	文
火曜日	화요일	6	靴下	양말	7
～から（時間）	-부터	9	国	나라	1
～から（場所）	-에서/서	9	首	목	8
～から（人・動物：話し言葉・書き言葉）	-에게서	12	熊	곰	文
～から（人・動物：話し言葉）	-한테서	12	暗い	어둡다	8
辛い	맵다	10	～くらい	-쯤	9
体	몸	文	クラシック	클래식	5
軽い	가볍다	8	暮らす	살다	5
彼氏	남자 친구	3	クリーニング	세탁	7
カレンダー	달력	4	クリーニング屋	세탁소	7
かわいい	예쁘다, 귀엽다	5, 8	クリスマス	크리스마스	6
～巻	권	11	来る	오다	5
考え	생각	12	くれる	주다	8
韓国	한국	1	苦労する	수고하다	文
韓国語	한국어, 한국말	3, 10	警察	경찰	1
韓国人	한국 사람	1	警察署	경찰서	7
感謝する	감사하다	7	携帯電話	핸드폰	2
韓定食	한정식	10	芸能人	연예인	12
乾杯	건배	文	ケーキ	케이크	5
木	나무	7	K-POP	케이팝	5
キウイ	키위	11	ゲーム	게임	2
聞く	듣다	5	劇場	극장	7
記者	기자	1	消しゴム	지우개	4
キッチン	부엌	文	化粧	화장	12
キツネ	여우	文	化粧室	화장실	7
気に入る	마음에 들다	付	化粧品	화장품	12
昨日	어제	4	結婚	결혼	12
気分	기분	7	結婚する	결혼하다	12
キムチ	김치	5	月曜日	월요일	6
キャンディー	사탕	6	～けど	-지만	10
～級	급	12	現在	현재	6
旧正月	설날	6	顕忠日	현충일	6
牛乳	우유	11	剣道	검도	2
キュウリ	오이	文	～個	개	2
今日	오늘	4	子犬	강아지	3
教科書	교과서	4	公園	공원	4
教師	교사	12	合格	합격	10
教室	교실	4	公休日	공휴일	6
兄弟	형제	3	高校	고등학교	4
恐怖	공포	5	講座	강좌	9
去年	작년	6	～号室	호실	11
嫌いだ	싫어하다	5	紅茶	홍차	5
キリン	기린	8	高等学校	고등학교	4
着る	입다	10	後輩	후배	12
きれいだ（美しい）	예쁘다	5	光復節	광복절	6
きれいだ（清潔だ）	깨끗하다	10	公務員	공무원	1
銀行	은행	7	交流する	사귀다	12
近所	근처	7	コーヒー	커피	5

紹介	소개	1
使用する	사용하다	8
小説	소설	5
職員	직원	1
職業	직업	1
食事	식사	9
食堂	식당	3
女子	여자	3
女性	여자	3
しょっぱい	짜다	10
ショッピング	쇼핑	2
ショッピングする	쇼핑하다	2
書店	서점	3
知らない	모르다	文
尻	엉덩이	10
知る	알다	11
新正月	신정	6
人生	삶	文
新年	새해	文
新聞	신문	7
心理	심리	付
水泳	수영	2
すいか	수박	11
随筆	수필	5
水曜日	수요일	6
スカート	치마	6
スキー	스키	5
好きだ	좋아하다	5
～すぎる	너무	10
(おなかが) すく	고프다	7
すぐ	바로	9
少ない	적다	8
すごく	아주	5
少し	조금	10
涼しい	시원하다	8
すでに	이미	12
スプーン	숟가락	文
スポーツ	운동	5
ズボン	바지	6
スマートフォン	스마트폰	3
すまない	미안하다	9
スマホ	스마트폰	3
すみません (謝罪)	죄송합니다	文
すみません (話しかけ)	저기요, 여기요	11, 文
住む	살다	5
する	하다	5
座る	앉다	11
スンドゥブチゲ	순두부찌개	11
姓	성	1
生	삶	文
生活	생활	8
生活習慣	생활 습관	9
清潔だ	깨끗하다	10
生産	생산	付

生産量	생산량	付
席	자리	4
狭い	좁다	8
先月	지난달	6
専攻	전공	2
先週	지난주	6
先生	선생님, 스승	1, 6
先生の日	스승의 날	6
全然	전혀	8
先々月	지지난 달	6
先々週	지지난 주	6
洗濯	세탁	7
先輩	선배	4
爽快だ	시원하다	8
掃除	청소	8
掃除する	청소하다	8
そうだ	그렇다	12
～(し)そうだ	-겠-	8
そうです	그래요	文
そうですか	그래요?	文
ソウル	서울	2
そこ	거기	4
そして	그리고	3
そちら	그쪽	4
そっち	그쪽	4
外	밖	7
その	그	4
その方	그분	4
その日	그날	6
その人	그 사람	4
そば	옆	7
祖父	할아버지	3
ソファー	소파	7
祖母	할머니	3
それ	그것, 그거	4, 11
それは	그것은, 그건	4, 6
そんなに	그렇게	12

た行

～だ	-이다	10
タイ	태국	1
～たい	-고 싶다	12
～台	대	11
大学	대학교	1
大学生	대학생	1
体験	체험	12
大丈夫だ	괜찮다	10
大統領	대통령	付
台所	부엌	文
大変だ	힘들다	8
(高さが) 高い	높다	8
(値段が) 高い	비싸다	8
～たがる	-고 싶어 하다	12
たくさん	많이	4

タクシー	택시	7	次	다음	12
出す	내다	8	つきあう	사귀다	12
尋ねる	묻다	7	机	책상	4
正しい	맞다	6	包む	싸다	文
ただちに	바로	9	妻	아내	3
龍（辰）	용	9	つまらない	재미없다	8
立つ	서다	8	冷たい	차다, 차갑다	8
建物	건물	7	手	손	10
頼む	부탁하다	1	～で（場所）	-에서/서	10
度々	자주	5	～で（道具）	-으로/로	12
食べ物	음식	5	～である	-이다	10
食べる	먹다	5	Ｔシャツ	티셔츠	11
魂	넋	文	テーブル	탁자	7
たまに	가끔	5	テコンドー	태권도	5
～たら	-으면/면	7	～です	-이에요/예요, -입니다	1,6
誰	누구	3	～です（1フレーズ）	-이요/요	2,6
誰が	누가	3	～ですか	-이에요/예요?, -입니까?	1,6
誰を	누구를, 누굴	3	～ですか（1フレーズ）	-이요/요?	2,6
～だろう	-겠-	8	手帳	수첩	7
単語	단어	文	テニス	테니스	2
男子	남자	3	手の指	손가락	10
誕生日	생일	6	デパート	백화점	7
たんす	옷장	4	～ではない	-이/가 아니다	1
ダンス	댄스	2	テレビ	텔레비전	8
男性	남자	3	店員	점원	11
小さい	작다	5	天気	날씨	7
近い	가깝다	8	電車	전철	7
違う	아니다	7	電話	전화	2
近く	근처	7	電話する	전화하다	2
地下鉄	지하철	10	電話番号	전화번호	2
力	힘	8	～と（話し言葉・書き言葉）	-와/과	7
チゲ	찌개	11	～と（話し言葉）	-하고	5
父	아버지	1	～と（継起・仮定）	-으면/면	7
チヂミ	전	7	～度	번	2
地方	지방	12	ドア	문	4
茶	차	5	ドイツ	독일	1
～着	벌	11	トイレ	화장실	7
チュー	뽀뽀	文	どうして	왜	3
中（内部・途中）	중	12	どうだ	어떻다	5
中央	가운데	7	どうですか	어때요?	8
中国	중국	1	とうとう	드디어	12
中国人	중국 사람	1	どうなさいましたか	왜 그러세요?	文
中秋	추석	6	動物	동물	8
昼食	점심	7	遠い	멀다	8
（学校の）長期休み	방학	12	ときどき	때때로	8
ちょうど	정각	9	トク（餅）	떡	11
ちょっと	조금, 좀	7,10	読書	독서	2
ちょっとうかがいたいんですが	말씀 좀 묻겠습니다	7	時計	시계	4
ちょっと待ってください	잠시만요	2	どこ	어디	3
通じる	통하다	8	所	곳	7
通訳士	통역사	1	ところで	그런데	6
使う	사용하다	8	年（生まれ年）	띠	9
疲れる	피곤하다	9	図書館	도서관	3
月	달	6	どちら	어느 쪽	4

どっち	어느 쪽	4
トッポッキ	떡볶이	11
とても	아주	5
どなたですか	누구세요?	文
隣	옆	7
どの	어느	1
どの方	어느 분	4
どのくらい	얼마나	3
どのような	어떤	3
どのように	어떻게	3
TOPIK	토픽	12
扉	문	4
トマト	토마토	文
友だち	친구	1
土曜日	토요일	6
虎（寅）	호랑이	9
ドラマ	드라마	5
鳥	새	8
鶏（酉）	닭	9
撮る	찍다	2
どれ	어느 것	4
どんな	어떤, 무슨	3

な行

ない	없다	3
～ない	안, -지 않다	8
中	안, 속, 가운데	7
中（いくつかのうち）	중	12
長い	길다	8
泣く	울다	文
梨	배	11
なぜ	왜	3
夏	여름	10
何	무엇, 뭐	2, 3
何が	무엇이, 뭐가	3
何になさいますか	뭐 드릴까요?	11
何を	무엇을, 뭘, 뭐	3
鍋料理	찌개	11
名前	이름	1
なめる	핥다	文
なる	되다	12
何～	몇	2
何月	몇 월	6
何歳	몇 살	9
何時	몇 시	9
なんと	에구	付
何日	며칠	6
何年	몇 년	6
何の	무슨	3
何番	몇 번	2
何曜日	무슨 요일	6
～に（位置）	-에	4
～に（人・動物：話し言葉・書き言葉）-에게		12
～に（人・動物：話し言葉）-한테		12

肉	고기	5
二十の扉	스무고개	8
にせもの	가짜	文
～日	일	6
日曜日	일요일	6
～になる	-이/가 되다	12
日本	일본	1
日本語	일본어	文
日本人	일본 사람	1
入学	입학	付
入門	입문	付
鶏（酉）	닭	9
～人	명, 사람	2, 11
ネギ	파	7
ネギチヂミ	파전	7
猫	고양이	3
ネズミ（子）	쥐	8
値段	가격, 값	11, 文
眠い	잠이 오다	7
眠り	잠	7
眠る	자다, 잠을 자다	5, 9
眠れない	잠이 안 오다	7
寝る	자다, 잠을 자다	5, 9
～年	년	6
～年生	학년	2
～の（所有・関係）	-의	4
～の（もの・こと）	것	4
ノート	공책	3
ノートパソコン	노트북	3
後	나중, 후	9, 12
後に	나중에	12
のど	목	8
飲む	마시다	5
のり（海苔）	김	11
のり巻き	김밥	12
乗る	타다	7

は行

歯	이	文
～は	-은/는	1
～ば	-으면/면	7
パーティー	파티	8
はい	네, 예	1, 文
～杯	잔	11
バイク	오토바이	6
バイト	알바	6
俳優	배우	1
履き物	신발	4
白菜	배추	5
白菜キムチ	배추김치	5
はさみ	가위	7
箸	젓가락	文
始まる	시작하다	9
初めて	처음	1

162

徐　珉廷（そ　みんじょん）
昭和女子大学国際学部国際学科准教授

吉本　一（よしもと　はじめ）
東海大学語学教育センター教授

© パロパロ韓国語 1
―正しく学び、すぐに使える韓国語―
바로 배우고 바로 쓰는 한국어 교재

2024 年 2 月 1 日　初版発行　　定価 本体 2,600 円（税別）

著　　者　　徐　　　珉　　廷
　　　　　　吉　　本　　　　一
発　行　者　　近　藤　孝　夫
印　刷　所　　株式会社坂田一真堂

発　行　所　　株式　同　学　社
　　　　　　　会社

〒112-0005　東京都文京区水道 1-10-7
電話 03（3816）7011・振替 00150-7-166920

ISBN978-4-8102-0280-9　　　　Printed in Japan

反切表

母音 / 子音	ㅏ ア [a]	ㅐ エ [ɛ]	ㅑ ヤ [ja]	ㅒ イェ [jɛ]	ㅓ オ [ɔ]	ㅔ エ [e]	ㅕ ョ [jɔ]	ㅖ イェ [je]	ㅗ オ [o]	ㅘ ワ [wa]
ㄱ [k]	가 カ	개 ケ	갸 キャ	걔 ケ	거 コ	게 ケ	겨 キョ	계 ケ	고 コ	과 クヮ
ㄲ [ʔk]	까 カ	깨 ケ	꺄 キャ	꺠 ケ	꺼 コ	께 ケ	껴 キョ	꼐 ケ	꼬 コ	꽈 クヮ
ㄴ [n]	나 ナ	내 ネ	냐 ニャ	냬 ネ	너 ノ	네 ネ	녀 ニョ	녜 ネ	노 ノ	놔 ヌヮ
ㄷ [t]	다 タ	대 テ	댜 ティャ	댸 テ	더 ト	데 テ	뎌 ティョ	뎨 テ	도 ト	돠 トゥヮ
ㄸ [ʔt]	따 タ	때 テ	땨 ティャ	떄 テ	떠 ト	떼 テ	뗘 ティョ	뗴 テ	또 ト	똬 トゥヮ
ㄹ [r]	라 ラ	래 レ	랴 リャ	럐 レ	러 ロ	레 レ	려 リョ	례 レ	로 ロ	롸 ルヮ
ㅁ [m]	마 マ	매 メ	먀 ミャ	먜 メ	머 モ	메 メ	며 ミョ	몌 メ	모 モ	뫄 ムヮ
ㅂ [p]	바 パ	배 ペ	뱌 ピャ	뱨 ペ	버 ポ	베 ペ	벼 ピョ	볘 ペ	보 ポ	봐 プヮ
ㅃ [ʔp]	빠 パ	빼 ペ	뺘 ピャ	뺴 ペ	뻐 ポ	뻬 ペ	뼈 ピョ	뼤 ペ	뽀 ポ	뽜 プヮ
ㅅ [s]	사 サ	새 セ	샤 シャ	섀 シェ	서 ソ	세 セ	셔 ショ	셰 シェ	소 ソ	솨 スヮ
ㅆ [ʔs]	싸 サ	쌔 セ	쌰 シャ	썌 シェ	써 ソ	쎄 セ	쎠 ショ	쎼 シェ	쏘 ソ	쏴 スヮ
ㅇ ([ŋ])	아 ア	애 エ	야 ヤ	얘 イェ	어 オ	에 エ	여 ヨ	예 イェ	오 オ	와 ワ
ㅈ [tʃ]	자 チャ	재 チェ	쟈 チャ	쟤 チェ	저 チョ	제 チェ	져 チョ	졔 チェ	조 チョ	좌 チュヮ
ㅉ [ʔtʃ]	짜 チャ	째 チェ	쨔 チャ	쨰 チェ	쩌 チョ	쩨 チェ	쪄 チョ	쪠 チェ	쪼 チョ	쫘 チュヮ
ㅊ [tʃʰ]	차 チャ	채 チェ	챠 チャ	챼 チェ	처 チョ	체 チェ	쳐 チョ	졔 チェ	초 チョ	촤 チュヮ
ㅋ [kʰ]	카 カ	캐 ケ	캬 キャ	컈 ケ	커 コ	케 ケ	켜 キョ	켸 ケ	코 コ	콰 クヮ
ㅌ [tʰ]	타 タ	태 テ	탸 ティャ	턔 テ	터 ト	테 テ	텨 ティョ	톄 テ	토 ト	톼 トゥヮ
ㅍ [pʰ]	파 パ	패 ペ	퍄 ピャ	퍠 ペ	퍼 ポ	페 ペ	펴 ピョ	폐 ペ	포 ポ	퐈 プヮ
ㅎ [h]	하 ハ	해 ヘ	햐 ヒャ	햬 ヘ	허 ホ	헤 ヘ	혀 ヒョ	혜 ヘ	호 ホ	화 フヮ

①この表に掲げた399種の文字が実際にすべて用いられるわけではありません.
②子音ㅇの音価は初声字の時はゼロで，終声字（パッチム）の時は[ŋ]で発音します.